AIGC+文化传播系列教材

丛书主编·张洪生 王青亦

人工智能时代的国家形象传播

NATIONAL IMAGE COMMUNICATION IN THE AI ERA

武楠 著

中国国际广播出版社

AIGC+文化传播系列教材
编委会名单

总　序

在数字经济与智能技术深度融合的全球浪潮中，人工智能作为国家核心竞争力的战略地位日益凸显。人工智能作为引领新一轮科技革命和产业变革的战略性技术，正深刻改变着人类生产生活方式。在文化领域，这场技术革命催生出前所未有的变革动能。早在2017年，《新一代人工智能发展规划》就将人工智能提升到“国家战略科技力量的高度”。《“十四五”文化产业发展规划》强调以科技创新赋能产业升级。人工智能与文化产业的深度融合已成为推动文化新质生产力发展、增强国家文化软实力的重要引擎。

当前，我国文化产业正经历从规模扩张向质量跃升的关键转型，人工智能技术的深度应用不仅重构了文化生产、传播、消费的生态系统，更催生出以文化新质生产力为核心的发展动能。在此背景下，中国传媒大学文化产业管理学院顺应时代变革、回应产业需求，发挥学科优势和团队优势，组织以我院为主的多位专家学者编写首套人工智能与文化传播融合创新系列教材，立足国家文化数字化战略，着眼人工智能技术前沿，构建起涵盖理论探索、产业实践、伦理规范的全方位知识体系。

本系列教材共八本，分别从文化新质生产力、文化传播、人工智能艺术、视听产业、虚拟偶像、非遗、人工智能法、国家形象传播等方面进行研究。

人工智能技术与文化领域的深度融合正在重塑社会生产与传播方式，形成多维度创新生态。在文化生产层面，技术驱动下催生出新质文化生产力，通过智能化手段优化文化资源开发效率，显著提升文化产品的创意转化能力和市场竞争力。文化传播领域经历着从传统媒介到数字平台的范式跃迁。人工智能深度介入内容分发机制，借助大数据分析与算法推荐实现精准传播，同时虚拟现实、增强现实等技术拓展了沉浸式体验场景，推动文化传播形态向多元化、交互化发展。

艺术创作边界在人机协同中被重新定义，生成对抗网络、大模型等技术为艺术表达开辟新路径。机器学习算法不仅能模拟人类创作风格，更在抽象艺术、动态影像等领域展现出独特创造力，引发关于艺术本质与主体性的哲学思辨。视听产业迎来智能化升级，从剧本分析、角色设计到后期特效，人工智能贯穿影视制作全流程，动态捕捉技术与实时渲染引擎大幅提升内容生产效率。虚拟主播与AI剪辑师的应用重构行业分工体系，同时也带来内容真实性与版权归属的争议。

文化遗产保护进入数字化转型新阶段：区块链技术实现非遗数字资产确权；三维扫描与数字孪生技术构建文化遗产的虚拟镜像；AI驱动的图像修复与声音复原让历史记忆焕发新生。在法律规制层面，算法偏见、数据隐私等问题催生新的法律研究方向，司法实践中开始探索人工智能创作物的著作权认定标准与侵权责任划分机制。在国家软实力建设维度，AI技术被应用于国际传播能力建设，通过多语种自动翻译系统、舆情智能分析平台等构建跨文化传播矩阵，动态监测全球舆论场态势，为塑造立体化国家形象提供技术支撑。

这种技术赋能的文化生态变革，在提升产业效能的同时，也引发对文化多样性、创作伦理与人文价值的深层思考，推动着人类在智能化浪潮中寻求技术创新与文化传承的平衡之道。

站在数字文明与中华文明交汇的历史坐标上，人工智能正以“数智赋能文化，创新驱动未来”的磅礴之力推动文化发展。希望这套教材能够为高校人才培养提供系统化知识图谱，为文化领域数字化转型提供方法论工具，并通过建立技术伦理框架引导行业健康发展。

张洪生

中国传媒大学文化产业管理学院执行院长

2025.4

目 录

绪 论

2022年11月底，人工智能科研公司OpenAI正式发布最新的AI聊天机器人ChatGPT，并在互联网上迅速走红，成为现象级应用。紧接着，百度“文心一言”问世，阿里“通义千问”开始测试……一场关于人工智能的浪潮汹涌袭来。从类别上划分，ChatGPT属于“生成式AI”（Generative AI）的范畴。与过去的“分析式AI”（Analytical AI）不同，此类人工智能模型不但能够通过对数据的学习来提炼信息、预测趋势，还能够生成有别于学习样本的新内容。伴随生成式AI的出现，“AI生产内容”（AI Generated Content，AIGC）成了一种全新的内容生产模式。相较于“专业生产内容”（Professional Generated Content，PGC）和“用户生产内容”（User Generated Content，UGC）模式，AIGC不仅具有更高的产出效率、更为稳定的内容质量以及更低的产出成本，其内容的可拓展性也更为强大。

新一代人工智能正在全球范围内蓬勃兴起，为经济社会发展注入了新动能，正在深刻改变人们的生产生活方式。[①] 与此同时，作为新兴力量

① 习近平. 习近平致信祝贺2018世界人工智能大会开幕［J］. 中华人民共和国国务院公报，2018（30）：5.

强势崛起的AIGC，也在深度改变信息传播的方式与格局，给国家形象传播带来深刻且复杂的影响。一方面，国家形象传播旨在塑造积极、正面的国家形象，人工智能为其带来了创新契机，如大数据分析能够精准定制传播内容，自然语言处理和图像视频生成技术可以优化传播效果，极大增强了国家形象传播的针对性和吸引力。另一方面，挑战也接踵而至。算法偏见会影响信息的客观呈现，虚假信息会损害国家信誉，过度依赖技术可能削弱人文关怀，等等，这些都给国家形象传播带来了风险和阻碍。我国自2023年8月15日起施行《生成式人工智能服务管理暂行办法》①，进一步说明人工智能的发展脚步正在不断加快，国际传播相关行业更加需要抓住AIGC给国家形象传播带来的机遇，积极应对挑战，有序借助并充分释放人工智能的强大优势，巧妙规避风险与隐患，讲好中国故事，积极传播国家形象。这不但有助于国家影响力的提升，促进文明交流互鉴，更能推动构建更为和谐美好的全球环境。

第一节　国家形象传播

一、界定与内涵

国家形象，这一概念在当今全球化的时代背景下具有举足轻重的意义。管文虎等学者合著的《国家形象论》中首次正式界定“国家形象”这一概念，即“国家形象是一个综合体，它是国家的外部公众和内部公众对国家本身、国家行为、国家的各项活动及其成果所给予的总的评价和认

① 生成式人工智能服务管理暂行办法［EB/OL］.（2023-07-10）［2024-10-03］. https://www.gov.cn/gongbao/2023/issue_10666/202308/content_6900864.html.

定。国家形象是国家力量和民族精神的表现与象征。"[①]学者孙有中进一步归纳，认为国家形象是一国内部公众和外部公众对该国政治（包括政府信誉、外交能力与军事准备等）、经济（包括金融实力、财政实力、产品特色与质量、国民收入等）、社会（包括社会凝聚力、安全与稳定、国民士气、民族性格等）、文化（包括科技实力、教育水平、文化遗产、风俗习惯、价值观念等）与地理（包括地理环境、自然资源、人口数量等）方面状况的认识与评价，可分为国内形象与国际形象，两者之间往往存在很大差异。国家形象在根本上取决于国家的综合国力，但并不能简单地等同于国家的实际状况，它在某种程度上是可以被塑造的。[②]学者赵雪波认为，国家形象就是一个国家在国际社会中的形象或者说是一个国家在别的国家民众心目中的形象。[③]

关于国家形象的内涵，学者程曼丽认为，国家形象不仅仅是外在的"形象"，而是内容与形式的统一体。在这个统一体中，内容是核心，是基础，它决定形式，并通过形式表现出来。国家形象的内容，首先表现为一种主体意识，乃是国家或民族精神气质中的璀璨闪光点。它是在历史文化传统的根基之上，融入现代化的元素，经过萃取和提炼而形成。作为民族精神与意志的集中展现，其不但有利于形成公民对国家和民族的向心力与凝聚力，而且有助于向外界呈现出一个清晰明确、始终如一的国家形象。[④]

学者郭庆光指出，传播是一种信息共享活动，通过符号的传递和解读，实现意义的交流和共识的达成。[⑤]那么，什么是国家形象传播呢？简

---

① 管文虎. 国家形象论［M］. 成都：电子科技大学出版社，1999：23.

② 孙有中. 国家形象的内涵及其功能［J］. 国际论坛，2002（3）：14-21.

③ 赵雪波. 关于国家形象等概念的理解［J］. 现代传播（中国传媒大学学报），2006（5）：63-65.

④ 程曼丽. 大众传播与国家形象塑造［J］. 国际新闻界，2007（3）：5-10.

⑤ 郭庆光. 传播学教程［M］. 北京：中国人民大学出版社，2012：5.

言之，它是指一个国家通过各种手段和渠道，向国内外公众展示和传递其政治、经济、文化、社会等方面的特点、成就、价值观和发展目标，以塑造积极、正面、全面且独特的形象，从而在国际社会中获得认可、理解和支持。这并非仅仅是信息的简单传递，而是一个涉及多方面因素、复杂而系统的过程，需要综合运用传播学、管理学等多学科的知识和方法，以实现有关国家形象的有效塑造和广泛传播。

国家形象传播涵盖了官方的宣传活动、媒体报道、文化交流、外交事务等多个领域，其目的是在国内外受众心中构建一个符合国家利益和发展需求的认知和印象。官方宣传活动作为国家意志的直接表达，通过有组织、有计划的传播策略，向国内外展示国家的政策导向和发展重点。媒体报道则以其广泛的覆盖面和及时性，成为塑造国家形象的重要力量；无论是传统媒体的深度报道，还是新兴媒体的即时传播，都在不断影响着公众对国家形象的感知。文化交流作为一种润物细无声的传播方式，通过艺术、文学、教育等领域的交流与合作，增进不同国家民众之间的相互理解和认同，从而为国家形象的塑造奠定深厚的文化基础。外交事务则在国家间的互动中，通过外交人员的言行、外交政策的制定与实施，展现国家的立场和形象。这种认知和印象的形成，不仅有助于提升国家的国际地位和影响力，吸引国际投资、促进贸易合作，还能够增强国内民众的凝聚力和归属感，激发民众为国家发展贡献力量的热情。

目前，关于国家形象传播的研究主要集中于两个层面：一是管理学层面，认为国家形象是“政府战略管理”的重要部分，国家形象被视为国家治理和发展战略中的关键要素。政府通过制定和实施一系列的政策、措施以及管理手段，来塑造和传播积极的国家形象。这不仅涉及国家内部的治理效能和公共服务质量的提升，还包括在国际事务中的外交策略、经济合作等方面的有效管理，以展现国家的实力、信誉和吸引力。二是传播学层面，主要关注国家形象的媒介塑造和传播问题，将研究焦点置于媒介策略之上，对媒介在国家形象传播中所发挥的作用进行了深入探讨，认为媒介作为信息传递的重要渠道，对于国家形象的构建和传播具有不可忽视的影响力。通过各类媒介形式，如传统的报纸、广播、电视以及新兴的网络媒体、社交媒体和互联网平台等，能够以不同的方式和角度呈现国家的形象。精心策划的媒介内容、巧妙运用的传播技巧以及合理选择的传播渠道，都对国家形象的塑造和传播效果发挥着关键作用。

总之，国家形象传播是一个综合性、系统性的建构过程，需要整合各种资源，运用多种手段，遵循传播规律，以实现国家形象的有效塑造和传播，为国家的发展创造良好的国内外环境。

二、建构与塑造

国家形象传播具有一定的目标性，通常包括提升国家的知名度和美誉度、增强国家的吸引力和影响力、塑造积极且独特的国家品牌形象等。国家形象传播是“自塑”与“他塑”两种作用力相互博弈的结果。在全球化的背景下，国家之间的联系日益紧密，一个良好的国家形象能够增强国家的吸引力和影响力，吸引更多的国际合作、投资和旅游。它有助于提升国家的软实力，使国家在国际事务中更具话语权和竞争力。良好的国家形象还能够增强国内民众的凝聚力和自豪感，促进社会的稳定和发展。当民众对自己的国家形象有积极的认知时，会更愿意为国家的发展贡献力量，形成推动国家进步的强大内生动力。此外，有效的国家形象传播能够消除国际社会对本国的误解和偏见，促进文化的交流与融合，为国家创造一个更加有利的外部发展环境。

在世界百年未有之大变局下，国家故事的讲述、声音的传播和形象的塑造面临前所未有的挑战。特别是在数字时代，数字化国家形象竞争变得更为扑朔迷离。从中国国家形象传播的全球经验来看，在以国家经济实力为代表的“硬形象”逐渐提升的同时，以感觉与评价为代表的“柔形象”反而陷入低迷状态，[①]如何推进国家“硬形象”与“软形象”同步向好成为国际传播面临的关键课题。

国家形象传播的建构是一个复杂而多维的系统工程，涉及传播主体、传播内容、传播渠道、传播形式等众多相互联系且相互制约的方面。

一是传播主体。政府、企业、社会组织以及个人等都是国家形象传播的参与者。政府发挥着主导和统筹的作用，企业通过其产品和服务展示国家的经济实力与创新能力，社会组织以其专业性和民间性传递特定领域的国家形象，个人则通过日常交流和社交媒体表达对国家的认知和情感。这些不同主体相互协作，形成有机的国家形象传播主体。

二是传播内容。内容的选择至关重要，既要真实反映国家的发展现状和成就，也要展现国家的文化底蕴和价值观念，特别是要突出核心信息和价值，突出国家的特色和优势，如独特的历史文化、科技创新成果、社会发展成就等。同时要契合不同受众的需求和兴趣，使传播更具针对性和吸引力。

三是传播渠道。充分利用传统媒体和新兴媒体的优势，实现全方位、多层次的传播覆盖。传统媒体如报纸、广播、电视，具有广泛的受众基础和公信力，新兴媒体如社交媒体、网络平台则具有传播速度快、互动性强的特点。不同渠道的特点和优势各异，相互补充，共同构建起国家形象传播网络。

四是传播形式。故事讲述、形象展示、活动举办等不同形式在传递信息、引发情感共鸣和增强记忆方面各有优势，可以根据不同受众的特点

① 叶淑兰. 中国国家形象的现实挑战与优化策略［J］. 人民论坛·学术前沿，2023（24）：15-23.

和需求，制定差异化的传播方案。要积极开展国际交流与合作，通过文化交流活动、国际赛事、外交活动等形式，增强国家形象的亲和力和感染力。

此外，国家形象传播的效果评估是检验传播效果的关键环节，通过数据分析、受众反馈等手段，能够准确衡量传播活动的成效，为后续的传播策略调整提供依据。伦理法律则是国家形象传播的底线和保障，传播活动必须遵循道德规范和法律法规，确保信息真实、合法、公正，防止虚假宣传、侵犯隐私等不良行为，维护国家形象传播的健康秩序。

总之，国家形象传播的各个方面紧密相连、相互影响。只有各环节做到协同优化，才能实现国家形象的有效传播。

第二节 AIGC与国家形象传播机遇

AIGC浪潮以磅礴之势席卷而来，深刻改变了国家形象传播所处的语境。在此背景下，如何利用AIGC更好地塑造和传播国家形象，成为重要课题。诚如前文所论，国家形象传播是一项繁杂且多维的系统工程，涵盖传播主体、内容、渠道、形式、效果评估以及伦理法律等诸多彼此关联且相互制约的层面与议题。AIGC的出现，为这些方面均带来了发展的契机以及广阔的前景。

一、传播主体

在当今数字化时代，信息传播的主体日益多元化，AIGC的出现为国家形象传播中的主体强化带来了新契机。传统的国家形象传播主体，如政府机构、主流媒体、社会组织、个人和民间力量等，在AIGC浪潮的冲击下经历了深刻的角色转变。政府机构作为国家形象传播的主导者，过去主要通过官方声明、政策发布等方式进行传播，如今借助AIGC技术，能够更加精准地分析公众需求，制定更具针对性的传播策略。主流媒体一直是国家形象传播的重要力量，凭借专业的采编团队和广泛的传播渠道，向国内外受众传递国家的声音。AIGC时代的主流媒体可以利用人工智能算法优化内容推荐，提高新闻传播的精准度；同时，通过自然语言处理技术，快速生成特定报道领域的新闻初稿，提高新闻生产效率。文化机构等社会组织在国家形象传播中也发挥着不可或缺的作用，通过开展各种文化交流活动、公益项目等，展现国家的社会风貌和人文关怀。AIGC为社会组织提供了更广阔的传播平台和创新的传播手段。个人用户在国家形象传播中的作用也日益凸显，个体通过社交媒体分享自己在国内的生活经历、文化体验等，向世界展示真实、立体的国家形象。在AIGC的助力下，个人可以利用智能工具创作更具吸引力的内容，如精美的图片、优美的音乐和有趣的短视频等。

与此同时，具备创新技术的科技公司、影响力不断增强的社交媒体平台，以及富有创意的虚拟形象与数字代言人等新兴传播主体也纷纷崭露头角，在国家形象传播领域发挥着独特且关键的作用。科技公司凭借其先进的技术和创新能力，为国家形象传播提供技术支持和创新解决方案。社交媒体和平台则成为信息传播的重要渠道，通过用户生成内容和算法推荐，快速传播国家形象相关的信息。虚拟形象和数字代言人以其新颖的形式和独特的魅力，吸引受众的关注，为国家形象传播注入新的活力。

二、传播内容

AIGC为国家形象传播的内容创作带来了智能化变革，尤其体现在从文本生成的创新到图像与视频创作的突破。在文本生成方面，AIGC凭借其强大的语言理解和生成能力，为国家形象传播的内容创作注入了新的活力。它能够快速、准确地理解国家形象传播的核心要点和目标受众的需求，进而创作出富有深度、情感和文化内涵的文本内容。无论是讲述国家的历史传承、文化瑰宝，还是展现现代科技的飞速发展、社会的和谐进步，AIGC都能以独特的视角和生动的语言进行描绘，使文本更具吸引力和感染力。在图像与视频创作领域，AIGC能够利用深度学习算法和大规模数据集，创造出逼真、精美的图像和富有创意、表现力的视频内容。这些图像和视频可以生动地展现国家的自然风光、城市景观、民俗风情等方面，为国家形象传播提供了更加直观、震撼的视觉体验。

此外，叙事是国家形象传播的核心要素之一，而人工智能技术的应用为叙事提供了更多的可能性。传统叙事模式通常受线性结构和单一视角的限制，难以充分展现国家形象的多元性与复杂性。人工智能技术则打破了这些限制，能够提供更为丰富多样的叙事选择和模式。通过数据分析和算法模型，能够挖掘出不同的叙事角度和故事线索，助力中国在国际传播中更有效地讲好自身的故事，并降低文化折扣。例如，在讲述中国科技创新的成就时，人工智能可以分析大量的科研数据和案例，从中提取出具有代表性和吸引力的故事元素，并以非线性、交互式的叙事方式呈现给受众。受众能够根据自己的兴趣和需求选择不同的故事路径，深入了解中国科技创新的各个方面。

借助AIGC先进技术，还能够实现传播内容的个性化和定制化，精准满足不同受众群体的多样化和特定需求。通过大数据分析，能够深入了解不同受众的需求和偏好，从而有针对性地创作和传播符合他们口味的国家形象内容。比如，为特定地区的受众提供与他们文化背景相关的国家形象宣传，增强传播的亲和力和吸引力。同时，人工智能还能够依据不同的文化背景和受众特点，对叙事内容进行个性化定制。它可以分析不同国家和地区受众的文化价值观、审美偏好和信息接受习惯，调整故事的主题、情节和表达方式，使其更贴合受众的心理，减少文化隔阂和误解。在情感交流方面，人工智能能够模拟人类的情感反应和交流方式，与受众进行更加自然和贴心的互动。它可以根据受众的反馈及时调整交流策略，给予个性化的回应和关怀，增强受众对传播内容的认同感和亲近感。此外，也要高度重视内容质量与可信度的严格把控，避免虚假和误导性信息的出现，进一步构建严密的措施，以及建立专业的审核与评估机制。

三、传播技术

随着人工智能技术的持续发展，国家形象传播在渠道、形式以及效果评估等技术层面均迎来了全方位的升级，这不但提升了用户体验，还实现了更为精准的国际传播以及更具人性化的情感交流。

AIGC以前所未有的力量推动着传统传播渠道的变革与升级。我们见证了新闻媒体成功实现数字化的华丽转型，报纸、广播、电视、网站踏上了智能化的崭新征程。算法进一步拓宽了国家形象传播渠道，推动聚合类平台媒体的崛起，社交媒体和平台媒体等新兴渠道涌现，日益成为国家形象传播的新领域。例如，在中国形成了以“人民网为代表的党媒、以都市报为代表的市场化媒体、以新浪和网易等为代表的门户网站、以今日头条为代表的聚合类平台媒体、以腾讯和阿里巴巴等为代表的互联网大企业五类行动主体”[①]。

国家形象传播形式不断创新，沉浸式体验和互动形式得到广泛应用，如虚拟现实（VR）、增强现实（AR）技术所带来的震撼效果，以及在线互动活动和游戏增强了受众的参与感和沉浸感，受众不再是被动的接受者，而是能够身临其境般地参与到故事中，与故事元素进行互动，更深刻地感受和理解国家形象。多模态传播融合的精妙方式，诸如图文、音频、视频协

---

① 张志安，周嘉琳. 基于算法正当性的话语建构与传播权力重构研究［J］. 现代传播（中国传媒大学学报），2019，41（1）：30-36，41.

同运作，跨媒体叙事营造出更为丰富、更引人入胜的传播体验。这些形式创新在显著提升传播效果方面展现出巨大潜力。

在传播效果评估指标方面，AIGC能够依据数据反馈，及时调整传播策略和内容，从而不断优化传播效果，提升国家形象传播在国际政治传播中的影响力。具体而言，利用大数据和先进算法可以实现传播效果的精准衡量；通过情感分析和态度监测能够深入洞察受众的内心反应，实时获取传播效果的即时反馈。基于此，可迅速调整传播策略，包括运用智能算法进行优化，以及在面对突发情况时展现出灵活应变的能力。同时也要从长远角度思考传播的长期效果和可持续性、品牌形象的逐步塑造以及国家形象在时间维度上的累积和沉淀效应。

综上，AIGC为国家形象传播带来了前所未有的机遇。传播主体强化、内容创作迭代和传播技术升级这三个方面的变革相互交织、相互促进，共同推动国家形象传播朝着更加高效、精准和富有影响力的方向发展。应当充分利用AIGC的技术优势，不断创新传播策略和方法，以更加生动、多元化和个性化的方式向世界展示国家的魅力与风采，提升其在国际舞台上的形象和地位。然而，在享受AIGC带来机遇的同时，也要清醒地认识到可能面临的挑战。

第三节　AIGC与国家形象传播挑战

技术进步是一把双刃剑。和所有技术一样，人工智能技术的进步在提升用户福利、提高生产效率的同时，也会带来很多的问题。[①]AIGC在

① 陈永伟. 人工智能与经济学：近期文献的一个综述［J］. 东北财经大学学报，2018（3）：6-21.

为国家形象传播带来诸多令人欣喜的机遇的同时，也面临着一系列严峻的挑战。

一、技术垄断与算法偏见

以ChatGPT为代表的生成式人工智能技术，进一步强化了技术垄断，尤其显著地巩固了美国在全球技术秩序中的领先地位。对中国而言，这无疑引发了包括技术差距、算力芯片以及工程技术等诸多方面的深入思考。

技术垄断所带来的不良影响是多方面的。首先，它极大地压缩了其他国家在该领域的发展空间。当一项关键技术被少数国家或企业垄断时，其他国家在研发和应用方面将面临重重困难。例如，在生成式人工智能领域，由于技术垄断，其他国家可能难以获得先进的算法和模型，从而限制了自身在该领域的创新和发展。其次，技术垄断可能导致技术获取与应用的不公平性。拥有技术优势的国家或企业可以决定技术的流向和使用方式，而其他国家则可能处于被动地位。这种不公平性不仅会影响全球科技的均衡发展，还可能在国际竞争中引发矛盾和冲突。而且，技术垄断极有可能干扰信息的客观呈现。在国家形象传播方面，如果技术被垄断，传播渠道和内容可能会受到控制，从而使国家形象传播出现片面或失真的状况。这将严重影响国家在国际上的声誉和地位。

此外，算法偏见、算法偏向、算法“反伦理”性也会对国家形象的正面传播造成伤害。算法在当今信息传播中扮演着至关重要的角色。然而，某些算法可能过度侧重于特定方面的数据，从而导致传播的国家形象有所偏颇。例如，一些算法可能更倾向于展示西方国家的成就和价值观，而忽视其他国家的贡献和特色。这样的算法偏见会使国家形象无法全面、真实地反映国家的整体面貌，误导国际社会对不同国家的认知。

算法主导的新型传播格局会对公共空间带来冲击，重构传播中权力关系，从新闻生产、新闻消费、国家政治权力及伦理道德等维度带来传媒公共性问题。[①]一方面，算法可能影响新闻生产的客观性和公正性。新闻媒体可能过度依赖算法推荐，导致新闻内容趋同化，缺乏多样性和批判性。另一方面，算法也可能影响新闻消费的习惯和方式。用户可能被算法推荐的内容所束缚，难以接触到不同观点和信息，从而影响他们的判断力和思考能力。此外，算法还可能对国家政治权力和伦理道德产生影响。如果算法被不当使用，可能会侵犯公民的隐私权和言论自由权，破坏社会的公平正义。

有专家指出，ChatGPT所体现的是西方的价值观与思维，不可避免地存在传播误区。从意识形态安全角度看，算法权力排斥政治价值权威，非主流媒体算法会造成算法歧视、价值分化，影响主流意识形态安全，[②]进而影响国家政治安全、主流政治舆论和国家形象。在全球化的背景下，不同国家的价值观和意识形态相互碰撞，算法作为一种传播工具，可能会被用来传播特定的价值观和意识形态。如果不加控制，这种算法传播可能会对其他国家的意识形态安全造成威胁。

应对这些挑战，各国需要加大对人工智能技术的研发投入，努力缩小与技术领先国家的差距。同时加强国际合作，共同推动人工智能技术的发展和应用。建立健全算法审查和监管机制，防止算法偏见和“反伦理”性的出现。加强对新闻媒体和互联网平台的管理，确保信息传播的客观性和公正性。此外，还需要加强意识形态安全教育，提高公民的意识形态安全意识，增强对不良算法传播的辨别能力。只有这样，才能在人工智能时代维护国家的政治安全、主流政治舆论和国家形象。

---

① 喻国明，陈艳明，普文越. 智能算法与公共性：问题的误读与解题的关键［J］. 中国编辑，2020（5）：10-17.

② 张爱军. “算法利维坦”的风险及其规制［J］. 探索与争鸣，2021（1）：95-102，179.

二、虚假信息与知识侵权

AIGC超强的模仿创作能力具有“双刃剑”属性，即AIGC技术使虚假信息更“真实”、更具欺骗性，而且在多模态情境下可以采用文本、语音、视频等“半真半假”的形式欺骗用户，这被称为“骗子的红利”。①利用生成式AI模型，不法之徒可以以更低的成本、更高的效率来伪造文本、图片，甚至视频资料，并以此来从事诈骗、恐吓、诽谤等犯罪行为。②如果AIGC被居心叵测之人利用，从而炮制出虚假的国家形象信息，这无疑会导致国家的真实形象被扭曲和误解，进而削弱国家的信誉和形象。

过往，虚假、恶意和不实信息主要由人工生成，但如今，机器能够自动化批量制造海量此类信息，这使得原本就混乱无序的信息环境愈发恶劣。因为，从技术本质上看，AIGC是对各种学习材料的重组，对生成内容本身的合理性并没有判断。如ChatGPT这类语言模型，其生成的内容只是与用户输入的资料在语义上关联性最大的③，其内容却未必正确，这种特质就决定了它们可能生成大量的虚假信息。这种情况无疑给信息的甄别、筛选和有效传播带来了艰巨挑战，严重干扰了公众对真实且有价值信息的获取与判断。一旦虚假信息泛滥成灾，公众就可能对国家的真实情况产生误解，从而进一步损害国家在国际社会中的声誉。

---

① CHESNEY R，CITRON D K. Deep fakes：a looming challenge for privacy，democracy，and national security［J］. California law review，2019（107）：1753.

② DASH B，SHARMA P. Are ChatGPT and Deepfake algorithms endangering the cybersecurity Industry? A review［J］. International journal of engineering and applied science，2023，1（1）：1-5.

③ The hidden danger of ChatGPT and Generative AI|The AI Beat［EB/OL］.［2024-08-13］. https://venturebeat.com/A-I/the-hidden-danger-of-chatgpt-and-generative-AI-the-AI-beat.

此外，基于AIGC是对其学习素材重新组合的创作本质，著名语言学家乔姆斯基甚至直接称ChatGPT就是高科技剽窃①，由此涉及的知识产权纠纷问题不容回避。目前已经发生类似案例，如全球最大的媒体集团之一新闻集团（News Corp.）旗下道琼斯公司曾发表声明，对OpenAI在未经道琼斯授权的情况下就违规使用《华尔街日报》的行为进行了指责。因此，使用AIGC时也不可避免会存在知识产权侵权的隐患。如果不能妥善解决知识产权问题，将会阻碍AIGC的健康发展，也会给相关行业带来巨大的法律风险。知识产权所有者的权益可能受到侵害，影响他们的创作积极性；使用者可能因为无意中侵犯知识产权而面临法律诉讼，增加了使用AIGC的不确定性。

应对这些风险，尤其是在国家形象传播方面，需要从多个方面采取措施。技术上，加大虚假信息检测技术研发投入，针对与国家形象相关的多模态信息开发检测工具，拦截扭曲国家形象的虚假内容；持续改进生成式AI技术，增加对国家形象传播内容合理性的判断机制，减少虚假信息生成。法律监管上，政府要制定完善法规，明确国家形象传播领域虚假信息界定和处罚标准，加强对AIGC应用的监管，严惩违规制造和传播虚假国家形象信息的行为。教育宣传上，提高公众在国家形象传播方面的媒介素养，增强对虚假信息辨别能力，开展宣传教育活动让公众了解其重要性和危害性，推动相关行业自律，共同维护良好秩序，确保国家形象能够准确、积极地传播。

三、技术依赖与专业失守

生成式人工智能技术持续加深了技术依赖，导致专业失守问题愈发凸

① MARSHALL C. Noam Chomsky on ChatGPT：it's "basically high-tech plagiarism" and "a way of avoiding learning"［EB/OL］.（2023-02-10）［2024-08-13］. https://www.openculture.com/2023/02/noam-chomsky-on-chatgpt.html.

显。在当今时代，这一强大的工具正以惊人的速度在各行业中广泛渗透，特别是在新闻和媒体领域，其影响力更是不容小觑。新闻和媒体行业一直以来都肩负着传递真实信息、塑造公众认知、促进社会交流的重要使命。然而，随着生成式人工智能技术的广泛运用，越来越多的专业人士逐渐陷入对这一技术的过度依赖之中。他们不再像过去那样亲自奔赴现场，获取一手信息和数据，进行深入的剖析与解读。这种转变无疑给行业带来了巨大的冲击。

值得注意的是，生成式人工智能与传统的搜索引擎有着本质的区别。ChatGPT等生成式AI并不会提供信息的出处，这使得用户在接收信息时难以判断其来源的可靠性和权威性。而且，在信息推送形式上，生成式AI采用了更为直接的方式，往往将生成的内容直接呈现给用户，缺乏对信息的背景介绍和深入分析。这种方式可能带来更大的误导性，其可能造成的危害也就更为严重。这种现象引发了对专业理念、程序和标准的质疑。专业的独立性和权威性受到了前所未有的冲击。当专业人士过度依赖生成式人工智能技术时，他们可能会失去对信息的敏锐洞察力和批判性思维能力，从而降低行业的专业性和可信度。而这一后果也会直接影响国家形象传播的质量和可信度。国家形象的传播需要真实、准确、全面的信息作为支撑，如果新闻和媒体行业因为过度依赖技术而失去了专业性，那么传播的国家形象就可能出现偏差，无法真实地反映国家的实际情况。

此外，过度依赖技术还可能使传播内容缺乏深度和独特性。生成式人工智能虽然能够快速生成大量的内容，但这些内容往往缺乏人类的情感、思考和创造力，无法真实、全面地展现国家的内涵和特色。国家形象的传播不仅仅是信息的传递，更是情感的交流和文化的传递。如果传播内容缺乏深度和独特性，就难以触动受众的心灵，无法引起他们的共鸣。同时，过度依赖技术也可能导致人文关怀的缺失。新闻和媒体行业应该关注人类的命运和福祉，传递温暖和正能量。然而，当专业人士过度依赖技术时，他们可能会忽略人文关怀，使国家形象传播变得冰冷和机械。这样的传播方式既无法打动受众，也无法建立起良好的国家形象。

为了应对生成式人工智能技术带来的挑战，新闻和媒体行业的专业人士需要保持警惕，坚守专业理念和标准，在利用技术的同时，不断提升自己的专业素养和批判性思维能力，亲自获取一手信息和数据，进行深入的分析和解读。同时，行业也需要加强对生成式人工智能技术的监管和规范，确保其在合法、合理的范围内使用，避免误导性信息的传播。只有这样，才能在技术发展的浪潮中保持行业的专业性和可信度，为国家形象传播作出积极的贡献。

四、全球数字鸿沟和素养赤字

AIGC扩大了全球数字鸿沟和素养赤字，不同群体在智能媒体技术的接入和使用方面存在显著的结构性差异，而这一技术的兴起使这一差异进一步加剧。经济发达地区的人们往往能够更便捷地接触到先进的技术设备和高速的网络，从而充分享受AIGC带来的便利。他们可以利用AIGC生成高质量的文本、图像和视频内容，提升自己的工作效率和创造力。然而，在经济落后地区，许多人可能连基本的网络接入条件都不具备，更不用说使用AIGC技术了。这种数字鸿沟不仅体现在地域上，还体现在不同年龄、教育程度和社会阶层的群体之间。年轻人通常更容易接受和掌握新技术，而老年人和受教育程度较低的人群则可能面临更大的困难。随着AIGC技术的不断发展，其对硬件设备和网络带宽的要求也越来越高。那些无法满足这些要求的群体将更加难以接入和使用这一技术，从而进一步拉大与其他群体之间的差距。

此外，AIGC技术的复杂性也对用户的媒介素养提出了更高标准。媒介素养较高的用户能够更好地理解和运用AIGC技术，从中获取有价值的信息和知识。他们可以辨别虚假信息，避免被误导。然而，对于媒介素养较低的用户来说，AIGC无疑是一个严峻的挑战。他们可能无法正确理解AIGC生成的内容，容易被虚假信息所误导。如果不能妥善应对这一问题，可能引发一系列严重的社会问题，如信息误导、社会分化等。

在国家形象传播方面，数字鸿沟和素养赤字可能导致部分地区和群体无法准确接收和理解国家形象传播的信息，影响传播效果的均衡性和全面性。国家形象的传播需要覆盖到不同地区和不同群体，才能实现真正的全面传播。然而，如果某些地区和群体因为数字鸿沟和素养赤字而无法接入和使用AIGC技术，或者无法正确理解国家形象传播的信息，那么国家形象传播的效果就会大打折扣。这不仅会影响国家在国际上的形象和声誉，还可能导致国内社会的分化和不稳定。

为了缩小数字鸿沟减少和素养赤字，我们需要采取一系列措施。首先，政府和社会应该加大对基础设施建设的投入，提高网络覆盖范围和速度，确保每个人都能够平等地接入智能媒体技术。其次，我们应该加强对媒介素养教育的重视，提高人们的信息辨别能力和批判性思维能力。学校、家庭和社会都应该承担起媒介素养教育的责任，培养人们正确使用AIGC技术的能力。最后，我们还应该鼓励技术创新，开发更加简单易用、适合不同群体的AIGC工具，降低技术使用的门槛，让更多的人能够受益于这一技术。

综上所述，AIGC时代为国家形象传播带来了巨大的变革和机遇，同时也伴随着严峻的挑战。只有清晰地认识到这些，并采取恰当的应对策略，我们才能在这个充满变化的时代中，成功地塑造和传播积极、正面的国家形象，为国家的发展和世界的和平与进步做出积极的贡献。

第一章　AIGC 在国家形象传播中的技术应用

AIGC是互联网、大数据、人工智能等信息技术综合发展的产物，特别是互联网形态的演化对其概念、特征、要素产生重要影响。通过本章学习，能够掌握应用于国家形象传播的AIGC核心概念，系统梳理生成式人工智能从初始萌生到如今蓬勃发展的完整历程，探究AIGC在国家形象传播方面的广泛运用，为国家形象传播的创新与优化提供有力的理论支持和实践指导。

学习目标

1. 掌握应用于国家形象传播的AIGC核心概念和发展历程。
2. 了解生成式人工智能的技术特征。
3. 认识AIGC在国家形象传播中的技术应用。

第一节　发展历程

探究AIGC，要从其精准定义入手，观察其在文本、图像、音频、视频等多领域的广泛应用和卓越表现，进一步剖析其技术原理及关键要素。

一、核心概念

人工智能（Artificial Intelligence，简称AI），指由人制造出来的，可以表现出智能的机器，通常是指通过普通计算机程序来呈现人类智能的技术。从概念源流来说，在生成式AI兴起之前，市场上的AI产品主要是分析式AI。从功能上看，过去的分析式AI的应用主要是帮助人们进行预测，进而提升决策效率，因而经济学家们习惯于将这类AI称为“预测机器”。GAN（生成对抗网络）模型出现后，人们开始利用生成式机器学习模型实现文本、图像、语音等内容的智能合成，学术界将其定义为生成式AI（Generative AI）[①]。随着生成式AI内容大量涌现，工业界启用AIGC来描述这种特定类型的网络信息资源，并与PGC和UGC进行区分。[②]从信息科学的角度来看，AIGC是人工智能在内容生成领域的应用拓展。它利用机器学习、自然语言处理、计算机视觉等技术，对输入的数据进行分析、理解和重构，从而创造出符合特定需求和情境的内容。

2022年9月，中国信息通信研究院联合京东探索研究院共同发布《人工智能生成内容（AIGC）白皮书（2022年）》，将人工智能生成内容（Artificial Intelligence Generated Content，AIGC），定义为“既是从内容生产者视角进行分类的一类内容，又是一种内容生产方式，还是用于内容自动化生成的一类技术集合”。这个定义表明AIGC兼有内容特征和技术特征

① WANG Y H，HERRON L，TIWARY P. From data to noise to data for mixing physics across temperatures with generative artificial intelligence［J］. Proceedings of the National Academy of Sciences of the United States of America，2022，119（32）：e2203656119.

② WHITE R，CHEUNG M. Communication of fantasy sports：a comparative study of user-generated content by professional and amateur writers［J］. IEEE Transactions on Professional Communication，2015，58（2）：192-207.

两个层面，总体上可将AIGC概括为伴随着网络形态演化和人工智能技术变革产生的一种新的生成式网络信息内容，即借助先进的人工智能技术自动创造出的各类内容。它并非对现有数据的机械重复或简单组合，而是通过深入学习和深刻理解海量的数据，运用复杂的算法和模型，生成具有一定创新性和独特性的全新内容。

二、发展探索

AIGC的发展并非一蹴而就，其初始阶段充满了对未知领域的勇敢探索和初步尝试。在这个时期，研究人员致力于为AIGC奠定基础，尽管面临诸多技术限制和挑战，但他们的努力为后来的突破埋下了伏笔。

在AIGC的早期，信息论、计算语言学和人工智能的初步理论为其发展提供了重要的理论基石。信息论中的熵、信息量等概念帮助理解和量化语言中的不确定性，为自然语言处理中的编码和解码提供了理论依据。计算语言学则专注于研究如何让计算机处理和理解人类语言的规则和结构。同时，早期的机器学习算法，如决策树、朴素贝叶斯分类器等，为处理和分析文本数据提供了初步的方法。这些算法虽然相对简单，但为后续更复杂的深度学习算法的出现创造了先决要素。在这个阶段，神经网络的概念也已经被提出，但由于计算能力和数据的限制，其应用范围相对较窄。然而，对于神经网络的研究为后来深度学习的兴起埋下了种子。

在初始阶段，数据的稀缺性和计算能力的不足是AIGC发展的主要瓶颈。有限的数据量使得模型难以充分学习语言的多样性和复杂性，导致生成的内容往往较为简单和生硬。计算能力的限制也制约了模型的规模和复杂性。当时的硬件无法支持大规模的神经网络训练，使得模型的表达能力和泛化能力有限。此外，模型的架构和算法也相对简单，难以捕捉语言中的长距离依赖和语义关系。例如，早期的语言模型可能无法准确理解上下文的语义，导致生成的文本逻辑不连贯。同时，对于图像和视频等多媒体内容的处理技术也处于初级阶段，难以实现高质量的生成和处理。

尽管面临种种困难，早期的AIGC仍取得了一些初步的成果。例如，一些简单的文本生成系统能够根据给定的模板和关键词生成新闻摘要或简短的故事。在图像生成方面，早期的算法能够生成简单的图形和图案，但与真实的图像相比，缺乏细节和逼真度。以早期的聊天机器人为例，它们能够回答一些常见问题，但对话能力较为有限，往往只能基于预设的规则和模板进行回复，无法进行深入和灵活的交流。早期的AIGC在国家形象传播方面的应用相对较少且简单。一些国家可能使用了基本的文本生成工具来自动生成简单的宣传文案或新闻稿件，但这些内容往往缺乏深度和个性化，难以引起广泛的关注和共鸣。

近年来，AIGC领域取得了一系列令人瞩目的重大突破，这些突破得益于技术的飞速发展、数据的丰富积累以及研究思路的创新，使得AIGC在生成质量、多样性和应用范围等方面实现了质的飞跃。

深度学习技术的不断发展，特别是2017年，Vaswani（瓦斯瓦尼）等人在"Attention is all you need"论文中提出了Transformer架构[①]，为自然语言处理带来了革命性的变化。Transformer架构通过引入"自注意力"（self-attention）机制，能够更有效地捕捉长距离依赖和全局语义信息，大大提高了语言模型的性能。大规模预训练语言模型的兴起是另一个重要突破。通过在海量的文本数据上进行无监督学习，这些模型学习到了通用的语言知识和模式。虽然GPT-3等超大规模语言模型展现出了惊人的语言理解和生成能力，能够生成连贯、富有逻辑的长篇文本，但是也存在明显的不足[②]。

① VASWANI A，SHAZEER N，PARMAR N，et al. Attention is all you need［EB/OL］.（2017-06-12）［2024-08-13］. https://doi.org/10.48550/arXiv.1706.03762.

② FLORIDI L，CHIRIATTI M. GPT-3：its nature，scope，limits，and consequences［J］. Minds and machines，2020（30）：681-694.

OpenAI后续在训练过程中采用了“人类反馈强化学习”（Reinforcement Learning from Human Feedback，RLHF）的思路[①]，对模型生成的各种结果都进行人工打分。这样就可以训练出一个可以对人类偏好进行识别的反馈模型（Reward Model）与原模型进行对抗强化训练，不断进行纠正原模型中不当的输出结果，从而引导出一个不仅符合人类语言习惯，还符合人类偏好和价值观的语言生成模型。在图像生成领域，生成对抗网络的改进、流模型和扩散模型的出现使得图像生成的质量和逼真度大幅提升。这些模型能够生成具有高度细节和真实感的图像，甚至可以创造出具有艺术风格的作品。视频生成技术也取得了显著进展，能够合成逼真的动态视频。

此外，随着互联网的普及和数字化进程的加速，大量的文本、图像和视频数据得以积累。这些丰富的数据为AIGC模型的训练提供了充足的素材，使得模型能够学习到更广泛的知识和模式。同时，数据标注技术的进步也提高了数据的质量和可用性。通过人工标注和半自动标注方法，为模型提供了更准确的监督信号，促进了模型的学习和优化。

2020年，谷歌Alpha Fold所取得的突破引发了生物学领域的担忧；2021年，Facebook公司宣称进军元宇宙，Meta已能够生成与现实世界相关联的虚拟世界；2022年，ChatGPT等能够生成契合要求主题的文本；2023年末至2024年发布的Sora，实现了从文本生成视频、生成世界的跨越。回顾近些年来人工智能的发展历程，不难察觉其逐渐趋向AIGC转变的态势。

在互联网形态演化和人工智能技术发展的条件下，AIGC的应用将走

① OUYANG L，WU J，JIANG X，et al. Training language models to follow instructions with human feedback［J］. Advances in neural information processing systems，2022（35）：27730-27744.

向何方？目前有学者对AIGC的发展总结为三个阶段①。

第一个阶段是基于实体孪生的AIGC阶段。利用AI在数字空间对现实世界进行映射孪生，其算据（数据）来源于实物本体，算法主要为仿真和建模，算力主要由本地和云平台提供。该阶段的AIGC是按照现实世界中人或物的本体生成虚拟内容，然后根据需求进行图层渲染、模态转换和内容编辑等任务。早期AI用来渲染和增强图像、视频的效果，如创建游戏中的非玩家角色（Non-Player Character，简称NPC）及其剧情、角色捏脸、生成卡通形象等。此外，在工业互联网、元宇宙等领域流行的数字孪生（Digital Twin）也是基于实体孪生AIGC的典型应用，该技术强调在数字空间对物理世界的事物进行等价映射和融合共生。

第二个阶段是基于学习创作的AIGC阶段：在拥有大规模训练语料的基础上，根据输入的指令进行学习并生成内容，目前最为流行的AI绘画就是典型案例。该阶段的AIGC对算据的规模和质量要求较高，对算法和模型的利用较为成熟，无处不在的云平台则为创作型AIGC应用提供了充分的算力支持。学习创作型AIGC的应用场景广、用户参与度高，尤其是驱动了虚拟数字人的内容生成，可以预见在一段时间内将持续保持较高的影响力和创新度，各类AIGC工具将层出不穷。

第三个阶段是基于实时自主生成的AIGC阶段。主要面向与人类的交互，处于更高层次阶段，目前正在探索期。该类型AIGC是算据、算法、算力综合进步的产物，通过“本地+云+边缘计算”的模式实时感知人、物、环境并与之交互。人形机器人是AIGC的典型应用场景：人形机器人通过机器学习、计算机视觉和神经网络等工作，实时感知和计算文本、图片、音频、视频、触觉等多模态数据，并与人类进行交互。如果缺乏互动内容，那么人形

① 李白杨，白云，詹希旎，等.人工智能生成内容（AIGC）的技术特征与形态演进［J］.图书情报知识，2023，40（1）：66-74.

机器人就是简单的重复指令；但如果有了AIGC的赋能，人形机器人就可以化身“艺术家”“翻译员”“工程师”等完成具有创造性的任务。

第二节 技术特征

随着人工智能算法、算力和算据①迅猛发展，以AI艺术创作（AI Generated Art）为代表的人工智能生成内容正成为数智环境下网络信息资源发展的重要趋势，并形成了鲜明的技术特征。

一、数据驱动

AIGC的生成过程高度依赖对海量数据的学习和分析。数据如同其创作的源泉，数据的质量和多样性直接决定了生成内容的质量和丰富度。卷积神经网络和Transformer大模型的流行成功使深度学习模型参数量跃升至亿级②，由此带来的数据巨量化驱动了AIGC发展的进程。从统计学的角度来看，AIGC是通过对大量数据的统计规律的学习来生成内容的。如知名的计算机视觉项目ImageNet在众包任务中有超过25000人参与，标准图片超过1400万张；而OpenAI更是收集了4亿个图像–文本的图文多模态数据集（LAION-400M）进行预训练。在零样本学习（Zero-Shot Learning，简称ZSL）成熟之前，③ AIGC通过巨量数据实现内容创作的发展路线仍难以

① 张钹，朱军，苏航. 迈向第三代人工智能［J］. 中国科学：信息科学，2020，50（9）：1281-1302.

② PARMAR N，VASWANI A，et al. Image transformer［C］//International conference on machine learning. New York：PMLR，2018：4055-4064.

③ ROMERA-PAREDES B，TORR P H S. An embarrassingly simple approach to zero-shot learning［M］//Visual attributes. Cham：Springer International Publishing，2017：11-30.

改变。高质量、多样化的数据能够为AIGC提供更全面、准确的信息，使其生成的内容更具可靠性和通用性。例如，若要训练一个能够生成优质美食评论的AIGC模型，需要收集大量不同类型、不同风格的美食评论数据，包括正面评价、负面评价以及各种细节描述。这促进了数据采集和整理技术的发展，同时也对数据的合法性、安全性和隐私保护提出了更高的要求。

二、深度学习

AIGC广泛运用深度学习技术，尤其是神经网络，用以深入理解和精准模仿人类的创作模式与思维方式。神经网络所具备的多层结构，赋予了其强大的功能，使其能够自动且高效地从海量的数据中学习到关键的特征和模式，进而实现对复杂内容的生成。深度学习算法为AIGC提供了极为强大的学习能力和出色的泛化能力。这种能力使得AIGC能够游刃有余地处理和生成各式各样复杂的内容，无论是文本、图像、音频还是视频等。例如，在图像生成领域，卷积神经网络（CNN）发挥了举足轻重的作用。它能够精准地捕捉图像中的局部特征，如纹理、形状等，同时也能把握图像的全局结构，如整体的布局和构图。这使得生成的图像更加逼真、富有细节和表现力。通过在AIGC中的成功应用，卷积神经网络不仅提高了图像生成的质量和效率，还为其他相关领域的发展提供了有益的借鉴和启示。同时，AIGC对深度学习技术的需求也推动了深度学习算法的不断优化和创新。研究人员不断探索新的模型架构、训练方法和优化策略，以提高学习算法的性能和效果。这一系列的努力不仅为AIGC的进一步发展奠定了坚实的基础，促使人工智能在更多的领域展现出令人瞩目的应用成果，也为解决实际问题和推动社会发展发挥出越来越重要的作用。

三、创新创造

AIGC具备创造出新颖、独特内容的能力，而非仅仅局限于模仿和重复已有模式。它能够突破传统思维的束缚，以全新的视角和方式来表达和呈现信息。创造性的实现依赖于AIGC对海量语料库的学习和对潜在模式的挖掘。通过对不同风格、主题和形式的内容的分析，AI工具仿佛超级画手或作曲家一样生成指定风格的图像、音乐或视频。例如神经风格迁移（Neural Style Transfer）算法利用卷积神经网络识别图像内容表征和风格表征，并在特定神经网络层重构图像，使AI画作能够模仿特定风格的艺术作品。[①]AIGC还能够在大量数据中发现新的组合和表达方式，从而创造出与众不同的作品。比如，某些由AIGC生成的艺术作品在风格和表现手法上独树一帜，给观众带来了全新的审美体验。这为艺术创作带来了新的可能性和挑战，激发了艺术家的创新思维，同时也引发了关于艺术价值和审美标准的重新定义。相较于人类创作，AI创作拥有时间短、规模大、风格多等特点，在艺术创作、插画、影视编辑等领域正在产生变革效应，人们甚至开始担心AIGC会不会冲击传统艺术创作者的工作岗位。

四、模态融合

AIGC能够将多种不同类型的信息和元素融合在一起，创造出综合性的内容。它可以整合文本、图像、音频、视频等多种形式的信息，为用户提供更加全面和丰富的体验。2021年，OpenAI发布多模态模型CLIP（Contrastive Language-Image Pre-TrAIning），它使用LAION-400M进行超大

① LIU J，YANG H，LI Q N. Coverless image steganography based on neural style transfer［C］//Proc SPIE 12342，Fourteenth international conference on digital image processing（ICDIP 2022）. Washington：SPIE，2022，12342：870-878.

规模的图文训练，能够分别提取文本特征和图片特征进行相似度对比，通过特征相似度计算文本与图像的匹配关系，从而实现跨模态的相互理解[①]。2022年9月，位列百度发布“2022十大科技前沿发明”第一项发明就是“跨模态通用可控AIGC”，跨模态生成的本质是文本、视觉、听觉乃至脑电等不同模态的知识融合，覆盖图文、视频、数字人、机器人等更多场景。这种融合性体现了系统论的思想，即将不同的部分有机地组合在一起，形成一个更具价值和功能的整体。例如，在多媒体教学材料的生成中，AIGC可以将文字解释、图片示例、音频讲解和视频演示等融合在一起，提高教学效果。这为教育领域带来了新的教学资源和方法，促进了教育的数字化和个性化发展。随着国内外多家科技公司发布多模态AI大模型，AIGC的跨模态融合趋势将进一步加强。

五、认知交互

拥有一定程度的认知和交互能力，是AIGC发展的重要趋势。在当今数字化的时代，计算机技术与人类生活的融合日益紧密。对开发者而言，代码的输入与输出是人与计算机交互的底层逻辑。他们通过编写精确的代码指令，让计算机执行复杂的任务，实现各种功能。这是构建计算机系统和应用程序的基础，决定了计算机能够如何响应人类的需求。对用户而言，人们使用智能终端和网络平台实现人机交互和互联通信。智能手机、平板电脑等智能设备成为人们日常生活中不可或缺的工具，通过各种应用程序满足人们的社交、娱乐、工作等需求。在人工智能场景中，通常利用自动问答、视觉识别、姿态识别等技术实现人机交互。自动问答系统能够

① RADFORD A，KIM J W，HALLACY C，et al. Learning Transferable Visual Models from Natural Language Supervision［C］//International conference on machine learning. New York：PMLP，2021：8748-8763.

快速准确地回答用户的问题，为用户提供信息和帮助；视觉识别技术可以让计算机“看懂”图像和视频，理解其中的内容；姿态识别则能够捕捉人体的动作和姿势，实现更加自然和直观的交互方式。而AIGC的出现则为人与机器的沟通带来了更多可能，成为人与计算机沟通的媒介。它不仅能够理解和生成自然语言，还能根据用户的需求和情境生成相应的内容，在感知和交互上具备独特的特色。例如，在智能客服中，AIGC可以根据用户的问题提供个性化的回答；在虚拟助手领域，能够理解用户的指令并执行相应的操作，极大地提升了人机交互的效率和质量，为人们的生活和工作带来更多便利。

六、快速迭代

随着数据的更新和算法的改进，AIGC的生成能力和质量得以不断提升。它展现出强大的自我学习和优化能力，能够持续适应新的需求和应对各种挑战。从进化心理学的视角审视，AIGC的进化过程与生物的进化过程存在相似之处。如同生物在不断变化的环境中通过适应和改进来增强自身的生存能力与竞争力一样，AIGC也在数字世界中经历着类似的演化。它不断从海量的数据中汲取知识，优化自身的模型和参数，以生成更准确、更有价值的内容。例如，随着新的语言表达和流行文化元素的涌现，AIGC能够迅速捕捉并学习这些新鲜事物，将其融入生成的文本中。这使得其生成的内容不仅紧跟时代潮流，更能与大众的喜好和需求紧密契合，从而更具时代感和亲和力。比如在社交媒体的内容创作中，AIGC可以创作出符合当下热门话题和流行趋势的文案，吸引更多用户的关注和参与。然而，这种快速的迭代也带来了一些挑战和要求。一方面，开发者和研究者需要不断跟进AIGC的发展动态，及时调整和优化相关的技术和应用。另一方面，社会各界也需要对AIGC的发展保持关注和研究，以便更好地理解其潜在影响，并制定相应的政策和规范，引导其朝着有益于社会和人类的方向发展。只有这样，我们才能充分发挥AIGC的优势，使其成为推动社会进步和人类发展的有力工具。

第三节　应用范畴

作为“通用目的型技术”（General Purpose Technology），人工智能在很多领域都能发挥重要的作用①。AIGC的重大突破也带来了应用领域的广泛拓展，涵盖了众多领域和多样形式，展现出了强大的适应性和创造性。特别是OpenAI的GPT-4模型的出现，能够实现与用户进行复杂的对话，回答各种领域的问题，并提供详细和准确的信息。它在文本生成任务中的表现令人惊叹，例如撰写复杂的论文、故事和代码。DALL·E 2等图像生成模型能够根据输入的文本描述生成逼真的图像，包括想象中的场景和物体，为设计师和艺术家提供了新的创作灵感和工具。

在文本生成方面，AIGC的应用范围广泛而深入。不仅能够创作出特定领域的新闻报道，以迅速、准确地传递信息，还能挥洒文学的才情，创作小说、诗歌等富有情感和想象力的作品，甚至可以为商业活动精心撰写广告文案，精准触达目标受众。例如，媒体采用AIGC技术生成财经新闻报道，大大提高了新闻发布的效率和数量，能够在短时间内覆盖更多的财经动态。这不仅改变了新闻行业的生产方式，减轻了记者的工作负担，还能够更快地满足读者对实时财经信息的需求，推动了新闻传播的速度和广度。

① BRESNAHAN T，TRAJTENBERG M. General purpose technologies “Engines of growth”?［J］. Journal of econometrics，1995，65（1）：83-108. CRAFTS N. Artificial intelligence as a general-purpose technology：an historical perspective［J］. Oxford review of economic policy，2021，37（3）：521-536.

在图像生成领域，AIGC同样展现出了惊人的能力。它可以生成各种风格的绘画作品，从写实到抽象，从古典到现代，满足不同审美需求。同时，还能为设计领域提供助力，生成精美的设计图和图表，为产品赋予独特的视觉形象。比如，一些设计公司利用AIGC生成初步的设计概念，为设计师提供灵感和启发。这为设计行业带来了新的创意源泉，降低了设计成本，提高了设计效率，同时也促使设计师不断提升自身的创新能力，以在与AIGC的合作中发挥更大的价值。

在音频生成领域，AIGC参与音乐创作，能够谱写出旋律优美的乐曲，也能进行高质量的语音合成，为有声读物、语音导航等应用提供逼真的声音。例如，谷歌的语音助手通过语音合成技术，能够以自然流畅的声音与用户进行交流。这不仅改善了人机交互的体验，使人们能够更便捷地获取信息和服务，同时也为音乐创作领域带来了新的创作思路和可能性。

在视频生成领域，AIGC涉足动画制作和视频剪辑，能够根据设定的情节和风格生成动画片段，或者对现有视频进行智能剪辑和特效添加。例如，一些短视频平台利用AIGC技术为用户提供快速生成短视频的工具，用户只需输入关键元素，即可获得个性化的短视频内容。这不仅降低了视频创作的门槛，使得更多的人能够参与到视频创作中来，同时也对传统的视频制作行业带来了一定的冲击，促使其不断创新和提升技术水平。

AIGC还在虚拟现实、增强现实等新兴技术领域崭露头角，为用户创造更加丰富和沉浸式的体验。比如，在虚拟游戏中，AIGC可以生成动态的虚拟场景和角色，增强游戏的趣味性和真实感。这推动了虚拟现实和增强现实技术的发展，为游戏行业带来了新的发展机遇。

此外，AIGC拓展了在教育、培训、医疗和商业等领域的应用前景。例如，在教育领域，AIGC可以为学生提供个性化的学习材料和辅导，辅助教师进行教学设计和课程开发。在医疗领域，AIGC能够辅助医生进行病历撰写、医学图像分析和疾病诊断。在商业领域，AIGC可以用于广告创意、客户服务、市场分析等多个环节，提高工作效率和创新能力。AIGC在元宇宙等更新的领域应用前景更为广阔，人们需要更多的3D人物和物品形象，并要求这些形象具有一定的差异性，倘若用人力设计来满足这些需求，成本很大。但如果采用生成式AI，不但成本会大幅降低，多样性也将会更大①。

聚焦国家形象传播领域，各国已经开始使用AIGC创新传播策略和方法。例如，利用AIGC生成具有吸引力的国家宣传文案和故事，以更生动、有趣的方式展示本国的文化、历史和价值观。AIGC能够根据不同的目标受众和传播渠道，定制个性化的内容，提高传播的精准度和效果。通过AIGC技术，可以快速生成多语言的宣传材料，满足全球传播的需求。例如，为了向国际社会介绍本国的旅游资源，利用AIGC生成不同语言版本的旅游指南、游记和推荐文章，吸引更多国际游客。在社交媒体平台上，AIGC可以协助创作吸引人的图片、视频等多媒体内容，增强国家形象的视觉冲击力。例如，生成展示国家自然风光、城市景观或传统节日的精彩图片和视频，引发全球用户的关注和分享。此外，AIGC还能够对社交媒体上关于国家形象的大量数据进行分析，帮助了解国际社会对本国的看法和评价，及时调整传播策略，更好地塑造和维护国家形象。上述内容都将在教材的后续章节中详细展开。

总之，随着技术的不断进步与应用的持续深化，AIGC的重大突破为

① SUN Y, et al. Travel with wander in the metaverse：an AI chatbot to visit the future earth［C］// IEEE 24th International Workshop on Multimedia Signal Processing（MMSP）. Piscataway：IEEE，2022：1-6. GUO C，et al. Art verse：a paradigm for parallel human-machine collaborative painting creation in metaverses［C］// IEEE transactions on systems，man，and cybernetics：systems. Piscataway：IEEE，2023：1-9.

其未来的发展开辟了广阔的前景，同时也为国家形象传播带来了新的机遇和挑战。我们需要不断探索和创新，以更好地利用这一强大的技术来提升国家形象的传播效果。

延伸阅读

1. 瑞希.人工智能哲学［M］.王斐，译.上海：文汇出版社，2020.

2. 波兹曼.技术垄断：文化向技术投降［M］.何道宽，译.北京：中信出版社，2019.

3. 丁磊.生成式人工智能：AIGC的逻辑与应用［M］.北京：中信出版社，2023.

思考题

1. 结合具体案例简要说明AIGC的技术特征和发展阶段。

2. 探讨AIGC技术的发展如何创新国家形象传播的策略和方法？

3. 思考未来AIGC技术在国家形象传播领域的新应用和新趋势。

第二章　AIGC时代国家形象传播主体的变革

国家形象传播是一个繁杂的系统工程，牵涉到政府、媒体、企业、文化机构以及个人等众多传播主体。随着AIGC技术的迅猛发展，给国家形象传播主体带来了怎样的变化？AIGC为不同传播主体之间的协同合作创造了哪些新的契机？这些主体又应当如何适应并驾驭这一浪潮，进而实现国家形象的有效传播？通过本章学习，将掌握上述内容。

学习目标

1. 了解AIGC如何促使传统传播主体角色发生转换。

2. 掌握AIGC背景下新兴传播主体的创新模式和力量来源。

3. 了解AIGC为不同传播主体之间的协同合作提供了哪些新的机遇，不同传播主体在塑造国家形象时的独特作用及贡献。

4. 掌握AIGC时代国家形象传播主体面临的主要挑战及应对策略。

第一节　AIGC 赋能传统传播主体

在国家形象传播进程中，政府、媒体、企业和文化机构等传统的传播主体均发挥着独特且至关重要的作用，携手塑造并传播着国家形象。随着“互联网+”到“人工智能+”的全面转型升级，面对互联网改变传统信息传播模式而产生的海量信息，智能算法技术应运而生，传播主体获得了技术支持的同时，强化了政治传播主体的主导权。[①]从行动者网络理论视角观察，当前已逐渐形成“人类行动者主导，非人类行动者崛起”的传播主体格局。[②]AIGC 技术的蓬勃兴起恰似一股强劲的力量，为上述政治传播主体赋予了新的权力与传播机遇，并使其在传播进程中的角色发生了显著且深刻的转变。

一、政府

政府在国家形象传播中发挥着引领与主导的核心作用，具有权威性和宏观调控能力。其一，政府通过制定全面且富有前瞻性的政策与战略，为国家形象传播确立目标、指明方向，并明确工作重点，从而为传播活动提供坚实的顶层设计和有力的政策支撑。其二，政府积极开展外交活动，在与其他国家的政治交往中，如高层互访、签订合作协议等，充分展现国家的政治理念、外交策略以及在国际舞台上的地位。其三，政府作为权威信息的发布者，能够及时且精准地向国内外公众传达国家的重大决策、发展

① 张爱军，师琦. 人工智能环境下传播主体的政治传播行为分析［J］. 黑龙江社会科学，2019（3）：39-45，158.

② 陈嘉慧，朱秀凌. AIGC 时代中华文明国际传播的主体重构：基于行动者网络理论［J］. 青年记者，2025（2）：78-84.

成就以及对各项政策的详尽解读，以树立国家的公信力，增进国内外公众对国家的信任与认可。

在过去，政府机构主要承担信息发布者的角色，通过官方声明、报告等形式向公众传达政策和决策。在技术赋能的进程中，以政府机构为代表的传播主体通过调整政治信息传播方式和形式提升和维护其影响力，①从顶层设计到传播格局的构建都离不开政府机构的主导参与。尤其在人工智能赋能传播进程的背景下，政府通过组织开展和主动传播，发挥政府强大的组织能力和引导能力，推动打造立体式的国家形象建设格局。②在AIGC时代，政府机构面临着从单纯的信息发布者向互动参与者的转变。公众对于政府的期望不再仅仅是单向的信息传递，而是希望能够进行双向的交流和互动。政府机构需要积极利用各种数字平台，如政府网站、社交媒体账号等，及时回应公众的关切和疑问，增强与民众的沟通和互动。例如，在疫情期间，许多地方政府通过线上发布会、社交媒体直播等方式，实时更新疫情信息，解答民众关于防控措施、疫苗接种等方面的问题，有效增强了政府与民众之间的信任和理解。

同时，政府在政策解读和形象塑造方面也需要采用新的方式。AIGC技术使得信息传播更加迅速和广泛，政府需要以更加通俗易懂、生动形象的方式解读复杂的政策，让公众能够更好地理解和接受。比如，利用动画、短视频等形式对政策进行解读，能够提高政策的传播效果。又如，为了宣传“碳达峰碳中和”目标，中国政府制作了一系列生动有趣的动画短片，用通俗易懂的方式解释了这一重要政策的意义和实现路径。

此外，政府在应对舆情和危机管理方面也面临着新的挑战。网络舆情

① 张爱军，李圆. 人工智能时代的算法权力：逻辑、风险及规制［J］. 河海大学学报（哲学社会科学版），2019，21（6）：18-24，109.

② 相德宝，崔宸硕. 人工智能驱动下的国际传播范式创新［J］. 对外传播，2023（4）：32-36.

的传播速度极快，一旦出现负面舆情，政府需要迅速做出反应，及时发布准确信息，避免谣言的进一步扩散。AIGC技术有助于政府更高效地分析国内外舆情和公众意见，为政策制定及外交策略提供数据支撑。在一些公共危机事件中，政府的应对措施和信息发布的及时性、准确性直接影响着国家形象。比如，在日本福岛核事故期间，日本政府在信息发布的及时性和准确性上备受质疑，对核辐射水平的评估不准确、对污染水排放计划的解释不清晰等，都引发了国际社会的广泛质疑，导致其信任度下降，对日本的国家形象产生了负面影响。而在澳大利亚山火期间，澳大利亚政府因初期对火情研判不足、应对举措滞后，且未及时向民众披露关键信息，由此，引发了民众的不满，同时也招致国际社会的广泛批评。

同时，借助AIGC生成的多语言内容，政府能够更广泛、更精准地向全球发布信息，增强传播成效。然而，政府必须注重信息的准确性和权威性，防止有意的曲解和无意的误导。如，在全球气候变化议题上，一些国家政府利用AIGC技术生成多语言的宣传资料和报告，向国际社会展示本国的减排努力和成果，但也需要确保数据和内容的真实准确，以免引发国际争议。

总之，在AIGC时代，政府机构作为国家形象传播的主体，面临着前所未有的机遇与挑战。为了更好地适应时代的发展和公众的需求，政府机构必须积极转换角色，从传统的信息发布者转变为更加积极主动的互动参与者。充分利用AIGC技术的优势，提升信息传播的效率和效果，增强与民众的沟通互动，以更加灵活多样、通俗易懂的方式解读政策和塑造形象，同时高效应对舆情和危机管理。只有这样，政府机构才能在国家形象传播中发挥更大的作用，树立良好的国家形象，赢得国内外民众的信任和支持，为国家发展创造有利的舆论环境。

二、媒体

媒体作为信息传播的主要渠道，在国家形象传播中一直充当着至关重要且无可替代的桥梁与传播者角色，具有广泛的影响力和传播力。一方面，媒体凭借客观、全面且深入的新闻报道，如实呈现国内政治、经济、社会等各领域的真实状况，为国内外受众描绘出一个真实、客观、全面的国家形象。通过对重大政策的解读、重大工程的跟踪报道以及对民生问题的深度剖析，主流媒体让国内外受众能够全面了解国家的发展动态和方向。另一方面，媒体通过评论、分析等手段积极引导公众对国家事务的看法和态度，营造积极健康的舆论环境，激发公众的爱国热忱和对国家发展的信心；其犀利而深刻的社论、评论员文章，能够引导公众形成理性、建设性的思考，增强社会凝聚力和向心力。此外，媒体在文化传播领域也发挥着举足轻重的作用，通过展示国家的文化特色、艺术成就以及丰富多彩的文化生活，有力地推动国内外文化交流，增进不同文化之间的理解与尊重。无论是对优秀传统文化的传承与弘扬，还是对现代艺术形式创新的关注与报道，主流媒体都为文化的传播与发展搭建了广阔的平台。

近年来，传统媒体在技术方面投入大量的精力和资本，主流媒体已然踏上了转型的征程，从新闻线索的搜索、获取，新闻资料的分析整理，到最后新闻内容的创作，媒体内容全流程、全方位覆盖。[①]人工智能技术的革新进一步加速了媒体融合中人机协作的深度和广度。人工智能既通过机器人写作改造新闻内容的生产环节，又通过智能算法推荐改造内容的分发环节。[②]

---

① 沈浩，袁璐. 人工智能：重塑媒体融合新生态［J］. 现代传播（中国传媒大学学报），2018（7）：8-11.

② 张志安. 人工智能对新闻舆论及意识形态工作的影响［J］. 人民论坛·学术前沿，2018（8）：96-101.

随着AIGC技术的蓬勃发展，智能化平台的建设与拓展成了主流媒体发展的关键方向。各大传统媒体纷纷建立自己的数字人形象和智能媒体传播矩阵，通过社交媒体平台发布新闻、评论、专题报道等内容，以契合受众获取信息方式的显著变化。在内容生产与传播模式方面，主流媒体不断推陈出新，利用大数据分析深入了解受众的兴趣和需求，实现内容的精准推送。同时，采用多媒体融合的方式，将文字、图片、视频、音频等元素巧妙结合起来，为受众提供更为丰富和多样化的新闻体验。人工智能与新闻业的结合，解决了新闻报道和推送的速度问题，带来了新闻传播的新时效，并直接改变了突发事件报道的新闻生产流程，以及专业新闻报道的客观性、多样性。① 例如，新华社推出的“媒体大脑”是新闻行业数字化、智能化发展的一个典型案例。“媒体大脑”利用人工智能、大数据等先进技术，能够迅速生成新闻报道，极大提高了新闻生产的效率和质量。它不仅缩短了新闻的制作周期，还能够在第一时间为受众提供及时、准确的信息。同时，还可以快速处理和分析大量的数据信息，从而迅速产出新闻内容。例如，在一些突发事件的报道中，“媒体大脑”能够快速整合相关的背景资料、事件进展等信息，快速生成初步的新闻报道，为记者进一步深入采访和撰写更全面、深入的报道赢得时间。

专业记者的角色也随之发生显著的转变。在人工智能的介入下，新闻生产方式和消费模式发生翻天覆地的变化，传统的新闻采集、编辑、发布模式演变成从受众阅读习惯的数据分析到自动生成新闻稿件，再到个性化新闻推送的精准服务，新闻生产和传播效率得到极大提升，为新闻记者释放大量时间和精力。但同时，新闻记者也面临着如何与人工智能协同互补，进一步提升自我能力和工作水平的考验。人工智能时代，记者不仅要

① 张志安，刘杰. 人工智能与新闻业：技术驱动与价值反思［J］. 新闻与写作，2017（11）：5-9.

掌握新闻专业知识，还要对职业进行重新定位，革新新闻表达形式，优化新闻生产过程。①

专业记者不再仅仅局限于信息的采集者和撰写者，还需要具备数据分析、多媒体制作、社交媒体运营等多方面的能力。记者需要学会熟练运用AIGC工具，提高工作效率，同时也要始终保持对新闻真实性和客观性的坚守，充分发挥专业素养，为公众提供极具价值的新闻内容。例如，在重大突发事件报道中，央视新闻通过其新媒体平台实现了图文、视频的实时推送，并结合大数据分析受众关注点，进行有针对性的后续报道。澎湃新闻利用其客户端的个性化推送功能，为不同用户提供符合其兴趣的新闻内容。此外，在当今的新闻报道中，尤其是经济领域的报道，数据分析工具的运用已经越来越普遍和重要。财经领域的记者在报道经济数据时，运用数据分析工具挖掘深层信息，为读者提供更具深度的解读。如在分析宏观经济数据时，记者可以利用数据分析软件，对大量数据进行处理和分析，揭示出经济发展的趋势和潜在问题，为政策制定和企业决策提供有价值的参考。除了技术上的挑战，新闻记者还将面临来自人工智能“机器思维”或技术思维的挑战。②

AIGC技术的兴起促使主流媒体从传统的内容生产者转变为信息整合与服务提供者。利用智能算法，主流媒体能够对海量信息进行筛选和整合，为受众提供更具针对性和价值的信息包。同时，借助虚拟现实、增强现实等技术，主流媒体为受众打造沉浸式的新闻体验，让受众更加直观、深入地理解新闻事件。此外，AIGC还助力主流媒体开展舆情监测和分析，使其能够更及时、准确地把握社会舆论动态，更好地发挥舆论引导作用。

---

① 梁智勇，郑俊婷. 人工智能技术对新闻生产的影响与再造［J］. 中国记者，2016（11）：72-75.

② 吴应国. 人工智能时代新闻记者面临的挑战及应对［J］. 采写编，2024（10）：11-13.

习近平总书记指出："探索将人工智能运用在新闻采集、生产、分发、接收、反馈中，用主流价值导向驾驭'算法'，全面提高舆论引导力。"[①]在AIGC时代，主流媒体通过积极转型，不断创新传播方式和手段，更好地适应了时代的需求，为国家形象传播发挥了更大的作用。然而，在利用新技术的过程中，主流媒体也须时刻坚守新闻伦理和职业操守，确保传播的信息真实、客观、有价值，在技术的浪潮中坚守新闻的初心和使命。

三、企业

企业作为国家经济实力的代表，具有市场竞争力和品牌影响力。作为具有公共属性和市场属性的主体，企业与国家战略的实施密切相关。[②]企业形象是国家形象的重要指标。作为国家经济的重要支柱，央企在经营中能够使公众形成对其的整体认知和情感认同，并由此延展到国家形象的内涵。[③]在传统的国家形象传播中，企业始终发挥着经济与品牌推广的关键作用。企业所提供的优质产品和服务，直观地展现了国家的制造水平和质量标准，能够在国际市场上塑造国家良好的商业形象。知名品牌在国际市场上取得的显著成就，有力地提升了国家的商业声誉，展现了国家的创新能力。并且，企业通过与国际企业开展合作交流，充分展示了国家开放的经济环境和积极的合作态度，清晰地彰显出国家经济的活力与潜力。

AIGC对于企业在国家形象传播中的角色转变，具有积极的推动作用。

---

① 习近平：加快推动媒体融合发展 构建全媒体传播格局［EB/OL］.（2019-03-15）［2024-08-13］. https://www.gov.cn/xinwen/2019-03/15/content_5374027.htm.

② 陈诚，贾一丹. 央企参与粤港澳大湾区建设的国家形象传播功能研究：以中国建筑国际集团为例［J］. 中国市场，2022（24）：31-34.

③ 季为民. 中国企业国际传播形象建构的现状及路径［J］. 人民论坛，2021（18）：104-106.

在市场预测层面，AIGC凭借强大的数据处理与分析能力，能够整合并挖掘海量的市场信息，涵盖消费者行为数据、行业趋势、竞争对手动态等。借助复杂的算法和模型，AIGC为企业提供精准的市场预测，助力企业提前洞察市场需求的变化和潜在的发展机遇，从而使企业能够更具前瞻性地调整产品策略和市场布局。这种精准的市场洞察力，不但有助于企业在国际市场上抢占先机，更能体现所属国家企业在全球经济中的敏锐感知和智慧，为国家形象增添精明、高效的特质。

在消费者洞察领域，AIGC能够深度剖析消费者的喜好、需求、情感倾向以及购买者决策过程。通过对社交媒体、在线评论、客户反馈等多源数据的分析，AIGC为企业构建出细致入微的消费者画像，使企业能够切实理解消费者的内心诉求。基于此，企业能够开发出更契合消费者需求的产品和服务，提升消费者的满意度和忠诚度。当国际消费者体验到来自某一国家企业的贴心服务和优质产品时，他们对该国家的印象也会随之改善，认为这个国家的企业具有人文关怀和以用户为中心的理念。

在品牌营销方面，AIGC的作用尤为显著。它能够依据品牌的定位、目标受众和传播意图，生成一系列富有创意、个性鲜明且极具吸引力的内容，包括广告文案、视频脚本、社交媒体帖子等。这些由AIGC生成的内容，不仅形式多元新颖，能够迅速吸引消费者的注意力，而且在情感上能够引发消费者共鸣，有效地传递品牌的价值观和文化内涵。例如，AIGC可以根据不同国家和地区的文化特点，为品牌定制本地化的营销内容，使其更好地融入当地市场，增强品牌的亲和力和认同感。通过这种方式，品牌能够在国际市场上迅速积累人气，提升知名度和美誉度，进而成为国家形象的一张亮丽名片，展示出所属国家在创意、文化融合方面的能力和魅力。

然而，企业在享受AIGC带来的便利和优势时，需保持清醒的认知。

过度依赖AIGC技术而忽视核心竞争力的培育，可能致使企业在面临技术故障、数据安全问题或市场突变时缺乏应对能力。核心竞争力，如持续的创新能力、优质的产品质量、高效的供应链管理以及卓越的客户服务等，是企业长期稳定发展的基础。唯有在不断提升核心竞争力的前提下，合理运用AIGC技术，企业才能在国家形象传播中发挥更积极、更持久的作用。

四、文化机构

文化机构作为社会力量的集合体，具有专业性和灵活性，在传统国家形象传播中始终致力于优秀文化内涵的深度挖掘、展示、传承与传播。文化机构通过举办多姿多彩、形式丰富的文化活动，诸如精彩绝伦、令人叹为观止的艺术展览，引人入胜、扣人心弦的文艺演出，以及富有深度、启迪思考的学术研讨等，全方位地展现国家的文化魅力和高深的学术水准。它们还矢志不渝地致力于保护国家的文化遗产，精心呵护那些承载着历史记忆的文物古迹，传承和弘扬源远流长、博大精深的历史文化传统。这一努力不但能够极大地增强本国人民内心深处的民族自豪感和认同感，使他们对自己的文化根源有更深刻的理解和热爱，还能有效地吸引国际社会对本国文化的关注与欣赏，促进文化交流与融合。此外，文化机构开展的各类文化培训和教育项目，对于培养国内外公众对本国文化的浓厚兴趣和深入认知发挥了显著作用。这些项目通过系统的教学、生动的展示和互动的体验，让参与者能够更深入地了解文化的内涵和价值，进一步有力地推动了文化的传播与交流，搭建起不同文化之间相互理解和尊重的桥梁。

随着人工智能的不断发展，其所展现的威力深刻影响了公共文化与相关文化机构，尤其是涉及文化、信息、教育等诸多关键领域的文化行业，人工智能对公共文化机构的影响主要体现在重构文化资源体系、拓宽个性服务边界、赋能专业支持体系、再塑专业伦理内涵等方面，进而深刻影响文化机构对国家形象塑造。[①]

传统的舞台艺术、剧场文化以及图书馆、博物馆、艺术馆里的真切体验在人工智能的支持下，通过全新沉浸式体验和交互式新技术，释放AR、VR和新媒体的潜力。[②]AIGC不仅能够为文化活动创作虚拟场景、数字艺术作品等，为受众提供别开生面、独具特色的文化体验，还能深刻改变文化机构的内容创作模式和传播途径。通过AIGC技术生成的精准模型和逼真效果，能够还原文化遗产的原始风貌，让更多人深入了解和欣赏其独特价值。例如，AIGC技术生成的虚拟场景不再仅仅是简单的视觉呈现，而是能够模拟出历史文化环境中的声音、气味甚至触感，让观众仿佛穿越时空，全身心地沉浸于历史文化的魅力之中。这种沉浸式体验极大地增强了文化传播的吸引力和感染力。然而，在运用这一强大的新技术时，文化机构必须时刻保持警惕，着重保持文化的原汁原味和独特价值。要避免过度依赖数字化手段而导致文化内涵的缺失或扭曲，确保在创新的同时，不失去文化的本质内涵和精神核心。

借助人工智能技术，博物馆参观者可以便捷地从博物馆的馆藏、数据库中获取相关信息和数据。[③]博物院可以借助AIGC技术，举办更为丰富多样的线上文物展览和文化活动，深度展示中国古代宫廷文化的博大精深，还可以通过提供创新的互动体验和个性化服务。通过开发线上展览和数字文物展示，利用AIGC实现根据用户兴趣和行为的精准推送，让全球观众都能定制化地领略到中国文化的魅力。例如，借助数字化资源，敦煌研究

① 肖鹏. 生成式人工智能对公共文化机构的影响及其负责任创新之路［J］. 图书馆建设，2023（4）：25-28，45.

② 徐于稀，司思. 文化机构的新媒体传播策略探析［J］. 新闻前哨，2020（12）：110-111.

③ 张继真. 人工智能时代下博物馆建设与发展思考［J］. 文物鉴定与鉴赏，2021（15）：154-156.

院与腾讯合作，推出“云游敦煌”小程序，不仅从艺术类型、朝代、颜色等多维度呈现敦煌石窟壁画，还通过3D图案画、AI演奏会等有声版系列壁画，让人们宅在家中动动指尖就能“云游”敦煌。

人工智能赋能博物馆，颠覆的不仅仅是历史文物的传统展示形式，同时，也为文物历史数据的记录、保存提供技术支撑。[①]利用AIGC进行文化遗产的数字化保护和修复，已成为一种高效且创新的手段。例如，敦煌研究院通过数字技术让壁画在虚拟世界中得到复原，把壁画重新绘制完整。凭借AIGC技术更有助于文物的超高清的数字化修复和全方位展示，让世界各地的人们都能欣赏到文物的细腻与精美。

运用AIGC，美术馆可以对艺术作品进行分析和解读，为观众提供更深入的艺术鉴赏引导，同时组织一系列艺术展览和学术研讨，展现中国当代艺术的多元发展和创新成果，还可以通过与国际艺术机构基于AIGC的交流合作，更精准地对接国际艺术市场需求，大幅提升了中国当代艺术在国际上的影响力。一些地方文化机构利用AIGC开展线上文化培训课程，通过智能教学系统和虚拟实践环节，打破地域限制，向更广泛的人群生动传播本地特色文化。比如云南等地的一些文化机构通过AIGC生成的虚拟手工艺品制作过程和民俗文化场景，为参与者带来身临其境的学习体验，吸引了众多爱好者的积极参与和深入学习。

总之，AIGC为文化机构在国家形象传播中的角色转换提供了强大的技术支持和创新动力，但文化机构在利用这一技术时，必须坚守文化本质，以实现文化的传承与创新，为国家形象的传播贡献更大、更显著的力量。

① 帖伟芝. 人工智能背景下博物馆文化传播的路径与变革：以河南省博物馆系统为例［J］. 新闻爱好者，2024（2）：55-57.

第二节　AIGC驱动新兴传播主体

新兴传播主体正凭借独特的创新模式和强大的力量来源，深刻改变着信息传播的格局和效果，为国家形象传播注入了新的活力。如科技公司的创新技术应用、社交媒体平台上用户的自发传播，能够以更加贴近大众、更加生动有趣的方式展示国家的多元面貌，吸引了大量年轻受众的关注。理解这些新兴传播主体的运作方式对于把握未来传播趋势至关重要。

一、科技公司

科技公司依托技术驱动的传播模式创新，深度变革信息传播方式，大幅提升传播效率。例如，华为公司利用其5G技术优势，实现超高清视频直播，将中国的大型活动和美景实时、清晰地呈现给全球观众。2019年央视春晚首次在北京、深圳、长春多地采用5G网络进行超高清直播，中国三大运营商联合华为提供了包括5G网络和终端在内的端到端解决方案。在北京主会场，深圳、长春春晚分会场，华为5G端到端系统均能提供稳定、高速的网络能力，即实现在超密人群、极寒环境（-20℃）下的5G超高清传输，保障春晚5G直播顺利进行。基于5G网络的超高清春晚直播让观众看到无时延的异地现场表演。字节跳动公司依靠其先进的算法推荐技术，可依循用户的兴趣与行为特质，精准推送与国家形象相关的内容，极大增强传播的针对性与时效性。腾讯公司借助其在社交媒体和内容分发的技术优势，通过微信、腾讯新闻等平台，以丰富多样的形式向广大用户传递国家在科技创新、社会发展等方面的成果。快手公司通过短视频平台，全面呈现中国各地的风土人情与百姓生活，使世界得以目睹一个真实多元的中国。

AIGC时代，科技公司展现出强劲的创新势能，为国家形象传播带来全新模式与契机。首先是深度挖掘数据，科技公司掌控海量的用户数据，并具备先进的数据分析能力，能够深度探索用户的需求与偏好，为国家形象传播给予精确的策略支撑。例如，百度公司通过解析用户的搜索行为和浏览记录，能够明晰把握用户对国家形象相关内容的关注要点和需求所向，从而拟定出个性化的传播方案，将国家在文化、旅游、科技等方面的显著成就精准推送给潜在受众。小米公司借助其全球用户根基和智能设备生态，推送有关中国科技创新和制造实力的资讯。

其次是引领技术创新，科技公司持续探索并应用新型传播技术，如虚拟现实、增强现实等，为国家形象传播营造更具吸引力和沉浸感的体验。例如，由上海风语筑文化科技股份有限公司开发的“神秘的东方古堡”大空间行进式VR探索体验，以晋城古堡为主题，利用大空间追踪技术、室内厘米级精准定位技术和双向网络数据传递，支持多人同步在线。观众在NPC的引领下，在复刻实景和虚拟场景中无缝切换，还可通过裸眼手势交互与虚拟空间中的物体互动。风语筑团队考究了大量晋城古堡建筑特征，运用前沿3D数字化资产扫描技术，1∶1复刻晋城代表性古堡建筑数字资产，以逼真的3D数字模型资产形式，让晋城古堡在虚拟世界中得以重现。

再次是搭建全球平台，利用全球化的业务布局与平台优势，将国家形象传扬至世界各处。如脸书（Facebook）、推特（Twitter）等国际科技公司，能够使国家形象相关内容迅速触达全球用户。TikTok（抖音国际版）在全球的盛行，为各国的文化、时尚等元素走向世界开辟了便捷通路。照片墙（Instagram）上众多中国摄影师和艺术家的作品展示，让世界看到中国的艺术创造力和审美风格。亚马逊的电商平台让全球消费者能够便捷购买到具有中国特色的商品，从而了解中国的制造业实力和产品质量。

最后是增强互动体验，通过开发有关国家地理、历史知识的互动式应用和游戏，激发用户的兴趣和探索欲求，吸引用户参与，强化对国家形象的认知和情感联结。例如，在互动式应用方面，《黑神话：悟空》开发了故事探索应用，以图文并茂及互动环节让用户深入了解游戏背景故事与中国文化元素；建立角色养成社区，融入传统文化，设置多种玩法和活动促进交流；利用虚拟现实技术打造体验应用，设置场景与互动元素，增加沉浸感。在游戏开发上，丰富剧情内容，展现中国神话的博大精深并融入历史文化等元素；创新玩法设计，如多人合作模式和独特玩法，注重互动性；强化文化元素，在场景、角色、音乐等方面融入传统元素，设置文化任务和成就，让用户在游戏中感受中国文化的魅力与国家的强大。

同时，科技公司与传统传播主体之间的关系颇为繁杂，既存合作，亦存竞争。在合作方面，科技公司可为传统媒体提供有力的技术支持，携手打造优质的传播内容。例如，阿里巴巴旗下的阿里云为多家传统媒体提供云服务和技术解决方案，助力提升其传播成效。然而，在某些特定领域，科技公司也可能依凭自身的技术和资源优势，与传统媒体竞逐受众和市场份额。比如，在短视频领域，一些新兴的科技公司推出的短视频平台因其新颖的内容形式和便捷的传播方式，吸引众多用户，对传统媒体的部分受众市场形成一定冲击。

二、个体用户

个人作为国家形象的最直接展示者，具有亲和力和感染力。随着社交媒体平台为个体提供了交流和展示的平台，普通用户通过在社交媒体上分享自己在国内的各种经历，如生活点滴、旅游感受、文化体验等，成为塑造国家形象的重要力量，向世界呈现出真实且多元的国家面貌。在抖音、微博等平台，大量用户分享中国美食、传统文化、城市风景等内容，吸引了众多国内外用户的关注与点赞，让更多人感受到中国的魅力。

AIGC的出现为个人在社交媒体平台上传播国家形象带来了新的契机，且在此过程中，人的主体作用得到了充分发挥。对个人而言，AIGC能辅助其创作出更具吸引力和感染力的内容。比如，一位旅游博主在分享自己的云南之旅时，借助AIGC的自然语言处理技术生成了生动细腻的文字描述，将云南的壮美风光和独特文化展现得淋漓尽致，吸引了大量粉丝的关注和向往。在这里，博主的创意和经历是核心，AIGC只是辅助工具，帮助博主更好地表达和传播。

此外，AIGC能够对社交媒体上的海量数据进行深入分析和挖掘，这对于个人制定传播策略具有重要价值。例如，一个致力于推广中国乡村旅游的组织，通过AIGC了解到不同地区用户对乡村旅游的偏好和需求差异。针对城市居民，重点推送乡村的宁静与自然景观；对于海外用户，则突出中国乡村独特的民俗文化和传统建筑，从而有效提升了传播效果。在这个过程中，人的决策和对传播方向的把握始终占据主导地位，AIGC是为实现人的传播意图服务的。

总之，在社交媒体平台上借助AIGC进行国家形象传播的过程中，人的主体作用始终不可替代，AIGC是为人的传播活动提供支持和助力，使人能够更有效地发挥自己的创造力和影响力。

第三节　AIGC 推动多元主体协同

不同传播主体在国家形象传播中发挥着各自独特的作用，但也存在各自的局限性，如政府存在着传播方式单一、缺乏与公众的互动等问题；媒体存在着片面报道、过度商业化等问题；企业存在着品牌形象不佳、跨文化传播能力不足等问题；文化机构存在着资金短缺、专业人才不足等问题；个人也存在着文化差异、语言障碍等问题。要实现国家形象最佳的传播效果，需要借助AIGC以及有效的策略和机制，促进不同传播主体在彼此协同合作的基础之上，各自以独特且关键的形式，踊跃参与到国家形象的塑造与传播当中，共同构建出更为全面、多元以及富有影响力的国家形象。

一、智能内容生成与策划

AIGC能够依据不同传播主体的优势和特点，为国家形象传播量身定制个性化的内容和策划方案，从而增强传播的针对性和有效性。

政府部门作为国家形象传播的主导者，承担着向国内外展示国家发展理念、政策方向和重大成就的重要职责。AIGC可以协助政府部门高效生成各类文件和报告，例如在发布年度工作报告时，AIGC能够整合大量的经济、社会、民生等数据，生成清晰准确且富有说服力的内容，让国内外读者能够快速了解国家相关领域的发展状况和未来规划。同时，在国际交流与合作中，AIGC可以帮助政府部门准备演讲稿、外交信函等，力求语言表达的恰当性和专业性。

媒体是国家形象传播的重要桥梁，需要以快速、准确、生动的方式向公众传递信息。AIGC为媒体提供了丰富的创作素材和灵感。在重大新闻事件的报道中，AIGC能够迅速整合相关信息，生成初步的新闻稿框架，记者在此基础上进行深入采访和编辑，提高新闻报道的时效性。例如，在报道自然灾害救援工作时，AIGC可以快速汇总救援进展、受灾情况等数据，为媒体提供全面的报道视角。此外，AIGC还能辅助媒体快速制作多媒体内容，如视频脚本、图片说明等，增强报道的吸引力。

企业作为国家经济的重要组成部分，其品牌形象和发展成果也是国家形象的一部分。AIGC可以助力企业制定个性化的传播策略，提升品牌国际知名度。比如，中国的互联网企业在拓展海外市场时，AIGC能够根据当地市场的特点和用户需求，生成符合当地文化背景的营销文案和广告创意，从而更好地吸引当地用户，展示中国企业的创新能力和服务品质。

个人在国家形象传播中也发挥着日益重要的作用。比如知名博主李子柒，通过展示中国传统的乡村生活、手工艺制作等，在社交媒体上吸引了大量国内外粉丝，让世界看到了中国传统文化的魅力和乡村的宁静美好。

【技术畅想】中国举办中国国际进口博览会（简称进博会），各传播主体如何应用AIGC提升国家形象

举办进博会期间，政府部门提前规划宣传策略，强调展会对于促进国际贸易和经济合作的重要意义。媒体利用AIGC技术，快速生成了众多关于参展企业、特色展品和交易成果的报道。例如，某财经媒体通过AIGC生成一系列对参展企业的访谈提纲，记者对提纲进行加工后启动深入采访，为观众呈献了丰富的商业资讯。同时，众多企业借助AIGC创作的展示方案和宣传资料，吸引大量国内外合作伙伴，充分展示开放的市场环境和企业的创新实力。此外，进博会期间，志愿者可以利用AIGC快速制作生成特色短视频，通过个人社交媒体分享展会的精彩瞬间和感人故事，进一步提升进博会的影响力。通过政府、媒体、企业和个人的协同合作，进博会向世界展示中国作为经济大国的活力与魅力。

二、数据分析与精准传播

AIGC能够对海量数据进行深入分析，帮助不同传播主体精准把握受众需求和传播效果，实现国家形象的精准传播。

政府部门可以通过AIGC深入了解国内外公众对国家政策和举措的看

法和反应，从而有针对性地调整传播策略和政策实施细节。例如，政府在推行一项新的环保政策时，可以利用AIGC分析社交媒体上的相关讨论，了解公众对政策的理解程度和关注点，以便及时通过官方渠道进行进一步的解释和说明，增强政策的透明度和公众的接受度。

媒体能够借助AIGC对受众的兴趣偏好和行为数据进行分析，实现内容的精准推送。比如，一家国际新闻媒体通过AIGC分析发现，对于中国科技创新的报道，欧美地区的受众更关注技术应用和市场影响，而亚洲地区的受众则更关心技术研发过程和人才培养。基于这一分析，媒体可以为不同地区的受众定制更具针对性的报道内容，提高传播效果。

社会组织在推广国家文化、促进民间交流方面发挥着独特作用。AIGC可以帮助社会组织评估活动效果，优化后续行动。例如，一个文化交流组织举办了一场中国传统音乐演出，通过AIGC分析观众的反馈数据，了解到不同年龄段和文化背景的观众对演出形式和曲目选择的喜好，为今后的演出策划提供了宝贵的参考，进一步提升了中国文化在国际上的影响力。

个人的力量也不容小觑。比如留学生群体，通过在国外的学习和生活经历，在社交媒体上分享对中国文化和社会发展的真实感受，能够有效消除国外对中国的误解和偏见。

【技术畅想】在“人类命运共同体”理念的传播过程中，各传播主体如何应用AIGC提高世界对这一理念的理解和认同？

在“人类命运共同体”理念的传播过程中，政府部门利用AIGC分析全球各国对这一理念的认知和接受程度。分析发现部分发展中国家对这一理念在经济合作方面的期待较高，而一些发达国家则更关注在环境保护和全球治理中的具体举措。基于这些分析，政府调整宣传重点和合作项目规划，更好地满足不同国家的需求。同时，媒体通过

AIGC对相关报道的传播效果进行评估，发现以故事化和案例分享的形式更容易引起受众的共鸣。于是，制作了一系列关于各国在“人类命运共同体”框架下合作共赢的案例报道。社会组织积极参与其中，通过AIGC分析文化交流活动的效果，不断改进活动形式和内容，增进各国人民对这一理念的理解和认同。此外，一些在海外工作的中国人通过个人博客和视频，讲述自己参与国际合作项目的经历，生动地诠释“人类命运共同体”的内涵。

三、多语言翻译与跨文化交流

AIGC能够提供高效、准确的多语言翻译服务，促进不同传播主体在跨文化传播中的交流与合作，更好地传播国家形象。

政府部门在国际交往中需要与各国政府和国际组织进行沟通，大量的文件、声明和协议需要准确的多语言翻译。AIGC翻译工具不仅能够保证翻译的准确性和规范性，还能提高翻译效率，确保信息的及时传递。例如，由中华人民共和国国务院新闻办公室发布的《中国应对气候变化的政策与行动》白皮书，就可以通过AIGC快速翻译成多种语言，为国际社会了解中国在应对气候变化方面的努力和贡献提供便利。

媒体在报道国际新闻和传播中国故事时，需要将内容翻译为多种语言，以覆盖更广泛的受众群体。AIGC可以根据不同语言的特点和文化背景，对翻译内容进行优化，使报道更贴近当地受众的阅读习惯。比如，中国媒体在报道中国春节的习俗和文化内涵时，利用AIGC进行多语言翻译，并针对不同语言版本进行了适当的文化解释和背景介绍，让世界各地的读者都能感受到中国春节的独特魅力。

企业在开展跨国业务和国际合作时，产品说明书、商务合同、营销材料等都需要进行专业的多语言翻译。AIGC能够帮助企业快速完成翻译工作，并根据目标市场的语言习惯和文化偏好进行调整，提高企业在国际市场上的沟通效果和竞争力。例如，中国新能源汽车企业在开拓欧洲市场时，使用AIGC翻译工具将产品介绍和用户手册翻译成当地语言，同时根据欧洲消费者的偏好对翻译内容进行了优化，大大提升了产品在当地的市场认可度。

个人在跨文化交流中使用AIGC翻译工具，可以更好地帮助他们与国际友人交流，分享中国的文化和故事。比如旅游博主在国外旅行时，利用AIGC翻译软件与当地人交流，介绍中国的美食、风景和文化传统。

【技术畅想】在某国月球探测器任务期间，各传播主体如何应用AIGC提高世界对这个国家航天事业的关注和赞赏？

在某月球探测器任务期间，某国国家航天局发布的技术报告和科学成果通过AIGC迅速翻译成多种语言，让全球航天领域的专家和爱好者能够及时了解该国在月球探测方面的最新进展。该国的新闻媒体对这一事件进行全方位的报道，AIGC不仅帮助媒体将新闻稿件翻译成多种语言，还在翻译过程中对一些专业术语和航天知识进行了通俗易懂的解释，使不同语言背景的读者都能很快理解这一重大成就的意义。此外，相关的航天企业在与国际合作伙伴的交流中，利用AIGC进行技术文档和商务沟通的翻译，促进国际合作，展示该国航天工业的实力和开放合作的态度。同时，一些航天爱好者通过个人社交媒体，用AIGC翻译工具将自己对月球探测器的见解和感受分享给国际友人，激发全球对该国航天事业的关注和赞赏。

四、实时监测与反馈

AIGC能够实时监测国家形象传播的效果，为不同传播主体提供及时的反馈和调整建议，优化传播策略。

政府部门可以实时掌握其发布的信息在国内外的传播动态和舆论反响，及时回应关切，化解误解。例如，在发布一项重要的经济改革政策后，通过AIGC实时监测国内外媒体和社交媒体上的评论和讨论，发现部分公众对政策的某些条款存在疑问，政府部门能够迅速组织专家进行解读，发布补充说明，稳定市场预期，增强公众对政策的信心。

媒体能够根据实时监测的数据调整报道的角度和重点，提高传播效果。例如，在报道一场国际体育赛事时，通过AIGC实时分析观众的关注度和话题热度，发现观众对某位运动员的成长经历和背后的故事特别感兴趣，媒体可以及时调整报道方向，推出相关的专题报道，满足观众的需求，提升报道的影响力。

社会组织可以通过AIGC的反馈来评估活动的影响力和效果，不断改进工作方法。比如，一个公益组织举办了一场环保公益活动，通过AIGC实时监测参与者的反馈和社交媒体上的讨论，发现活动的宣传方式不够吸引人，活动环节设置不够合理，在后续的活动中可以进行针对性的改进，提高活动的参与度和传播效果。

个人也可以通过AIGC实时了解自己传播内容的效果。比如一位在海外社交媒体上分享中国文化的博主，根据AIGC提供的反馈数据，调整发布内容的形式和主题，以吸引更多的关注和互动。

综上，AIGC在智能内容生成与策划、数据分析与精准传播、多语言翻译与跨文化交流、实时监测与反馈等方面，能够促进不同传播主体之间的协同合作，为国家形象传播提供全方位的支持和创新思路。在未来的发展中，应充分发挥AIGC的优势，不断提升国家形象传播的水平和效果。

第四节　主要面临的挑战与策略

在AIGC时代，不同传播主体协同合作以增强国家形象传播虽然充满机遇，但也面临着诸多严峻的挑战。

一、主要挑战

一是利益层面。不同传播主体往往有各自的利益考量，这可能导致在合作中出现短期目标差异和资源分配不均的情况。政府部门可能更侧重于传播国家的政策方针、发展成就以及维护社会稳定和公共利益；企业通常以品牌推广、市场拓展和经济利益最大化为主要目标；媒体追求新闻价值、收视率和点击率，以提高自身的影响力和商业价值；社会组织关注特定的社会议题和公益事业；个人可能出于个人声誉、社交需求或经济回报来参与传播。利益诉求的差异可能导致各方在传播重点、资源投入和传播方式上产生分歧，进而影响合作的效果。如果不能妥善协调，可能会出现资源过度集中于某些方面而忽视其他重要内容的情况，最终使国家形象的传播不够全面和深入。

二是信息层面。各传播主体掌握的信息存在差异，这可能极大地影响合作的效率和效果，导致决策失误或行动不协调。政府部门通常拥有宏观政策、统计数据和权威信息，但可能对市场的细微变化和公众的即时反馈了解不够及时；企业对自身产品、市场竞争和行业动态有深入了解，但对国家的整体战略规划和政策走向的把握可能不够全面；媒体善于捕捉社会热点和公众情绪，但在获取专业性较强的信息时可能存在困难；社会组织在特定领域有专业知识，但信息传播渠道相对有限；个人的信息来源广泛但真实性和可靠性难以保证。充分了解各方的信息需求和信息优势，对于解决信息不对称问题至关重要。这种信息不对称容易导致传播主体之间的沟通不畅、决策依据不充分，从而影响传播的及时性、准确性和有效性。

三是价值观层面。不同传播主体可能来自不同的文化背景和价值体系，在传播理念和方式上存在分歧，严重影响协同效果。每个国家和地区都有其独特的文化传统、社会规范和价值观念，这些因素深刻地影响着传播主体的思维方式和行为模式。比如，在西方文化中，个人主义和言论自由往往被高度重视，传播方式可能更加直接和开放；而在一些东方文化中，集体主义和社会和谐的价值可能更为突出，传播方式可能相对含蓄和注重整体平衡。这种文化差异在国家形象传播中表现明显。当涉及一些敏感话题时，不同文化背景的传播主体可能会有截然不同的解读和传播方式。“文明因交流而多彩，文明因互鉴而丰富。”我们应当尊重文化差异，通过交流与互鉴，寻求共识，以更好地传播国家形象。此外，价值观的差异也会导致传播重点和策略的不同。有些传播主体可能更强调经济发展成就，而另一些传播主体可能更关注社会公平和人文关怀。这种分歧如果不能得到妥善处理，可能会在国际传播中引发误解和冲突，削弱国家形象传播的一致性和说服力。

四是技术能力层面。各传播主体在传播技术的运用和传播能力方面参差不齐，这可能极大产生技术依赖以及制约合作的深度和广度。尽管所有的此类算法和架构均已实现开源化，可供全球研发者加以运用，然而，倘若在核心技术缺失的情况下使用这些资源，那么对于所搭建的模型将难以达成完全的自主可控，随时都有可能面临被“卡脖子”的风险。[①]更为重要的是，如果一味地遵循已有的算法和架构来进行生成式AI产品的开发，

① 武延军. 开源软件供应链重大基础设施建设势在必行［N］. 中国科学报，2021-05-06（3）.

那么极有可能致使国家陷入路径依赖的困境，从而难以在该领域实现弯道超车、后来居上的目标。随着AIGC等新技术的迅速发展，传播领域的技术门槛不断提高。大型科技公司和主流媒体通常拥有先进的技术设备、专业的技术团队和丰富的技术应用经验，能够熟练运用AIGC生成高质量的内容、进行精准的数据分析和实现多渠道的高效传播。相比之下，一些小型企业、社会组织和个人可能缺乏足够的资金和技术支持，对新技术的了解和应用能力有限，可能在内容创作上缺乏创新，在数据分析上不够精准，在传播渠道的选择和运用上也不够灵活。现阶段，生成式AI的技术正在迅速迭代当中，新的训练算法和模型架构都在被不断发明出来。在传播领域，技术创新尤为重要。从传媒产业政策扶持层面上看，应当鼓励更多媒体机构参与技术创新，将更多的资源放在支持竞争和创新环境的塑造上①，需要努力缩小技术与能力的差距，以实现更有效的协同合作。

五是风险与伦理层面。AIGC在为国家形象传播带来便利的同时，也伴随着一系列技术风险与伦理问题，需要在应用中加以防范和解决。首先，AIGC可能存在数据偏差的问题。训练数据的不全面、不均衡或者存在偏差，可能导致生成的内容带有某种倾向性或局限性，无法真实、全面地反映国家形象。例如，如果训练数据主要来源于某个特定地区或特定群体，那么生成的关于国家形象的描述可能会忽略其他地区或群体的特点和贡献，造成传播的片面性。其次，内容失真的问题。AIGC生成的内容可能由于算法错误、数据污染或模型缺陷而出现错误或虚假的信息。一旦这些失真的内容被传播出去，可能会误导公众，损害国家形象的真实性和可信度。此外，AIGC还可能面临侵犯隐私的风险。在收集和处理大量数据用于训练模型的过程中，如果没有采取妥善的隐私保护措施，可能会导致

① 陈永伟. 超越ChatGPT：生成式AI的机遇、风险与挑战［J］. 山东大学学报（哲学社会科学版），2023（3）：127-143.

个人信息的泄露。如在GPT-2的训练过程中，就出现了输出用户隐私信息的现象。尽管新近的生成式AI产品大多已经对输出的内容进行了加密和加噪处理，但最新研究表明，尽管在这样的条件下，人们依然可以对原始的数据进行恢复[①]。由此，这不仅会引发法律问题，还会使公众质疑和担忧国家形象传播中的数据使用。同时，AIGC的应用还可能引发一些伦理问题，如创作成果的归属权、对人类创造力的影响、可能造成的就业替代以及种族偏见和性别偏见等问题。如果不能妥善处理这些技术风险和伦理问题，AIGC在国家形象传播中的应用不仅无法达到预期效果，还可能带来一系列负面影响。

综上，在AIGC时代，不同传播主体协同合作在增强国家形象传播时面临着诸多复杂而严峻的挑战。要实现有效的协同合作，需要各方充分认识到这些挑战，通过建立良好的沟通机制、尊重文化差异、共享信息资源、提升技术能力以及加强国际交流等措施，共同克服困难，实现国家形象传播的最佳效果。

二、应对策略

有效应对AIGC带来的机遇与挑战，达成传播效果的最优化以及国家形象的高效传播，需要充分释放AIGC驱动传播领域变革的关键力量，推动不同传播主体之间的协同合作，构建一系列具有针对性和可操作性的应对策略与机制。

一是建立良好的沟通机制。首先需要政府牵头、组织各传播主体共同制定符合国家利益和价值观的传播目标，充分考虑文化多样性，尊重不

① CARLINI N，HAYES J，NASR M，et al. Extracting training data from diffusion models［EB/OL］.（2023-01-30）［2024-08-13］. https://doi.org/10.48550/arXiv.2301.13188.

同文化背景和价值观，挖掘不同文化之间的共通之处，为文化传播工作奠定坚实的基础。正如费孝通先生所说：“各美其美，美人之美，美美与共，天下大同。”其次，基于明确的传播目标，制定详细、统一的传播策略。这就如同为一场宏大的演出精心编写脚本，为各个角色设定明确的动作和台词。只有这样，才能确保各传播主体在行动上保持高度一致，形成强大的传播合力。详细的传播策略应当涵盖内容创作、传播渠道选择、受众定位等多个方面。通过精心策划，能够使传播工作更加有的放矢，提高传播的精准度和效果。同时，明确各主体的职责和任务，避免出现职责不清、工作重叠或疏漏的情况。再次，在传播过程中，通过丰富多彩的文化内容、多元的传播渠道以及尊重不同文化受众的需求，能够让国家的形象在国际上得到更广泛、更深入的认可和接受。这种认可不仅仅是对国家外在形象的赞赏，更是对其内在文化价值和理念的认同，有助于增强国家在国际社会中的影响力和吸引力。

二是共享信息资源。在当今数字化时代，利用云计算和大数据技术建立一个集中的信息共享平台具有重大意义。这个平台可以成为各传播主体交流与合作的重要枢纽，有力促进资源流通和知识共享，尤其在文化多样性传播方面发挥关键作用。国外一些大型媒体公司已经在其内部建立了资源共享平台，为我们提供了良好的范例。在这些平台中，不同文化的传播案例和数据分析得以分享。案例的范围广泛，涵盖了从广告宣传到新闻报道的各个领域。通过详细的数据分析，能够清晰地展示不同传播策略在不同群体中的效果和反响。例如，某个针对特定文化群体的广告宣传活动，通过数据分析可以了解到其触达率、受众反馈以及对品牌认知度的提升等具体情况。对于各传播主体来说，在策划相关传播活动时，可以充分借鉴这些成功经验。一方面，从已有的案例中汲取灵感，了解不同文化背景下受众的需求和特点，避免走弯路。另一方面，在借鉴的基础上进行创新，结合自身的实际情况和目标受众的独特需求，制定更加贴切的传播策略。这样能够极大地提升传播的效果和影响力，使文化多样性的传播更加深入人心。通过这样的资源共享和交流机制，传播主体能够不断丰富自身的知识储备，学习到不同的传播理念、方法和技术，拓宽视野，提升专业素养。同时，也能够提升传播能力，更好地应对复杂多变的传播环境。

三是弥合技术鸿沟。当今数字化快速发展的时代，技术的不均衡分布愈发明显。一些小型媒体和个人创作者可能由于资源有限，难以跟上先进技术的步伐。为了改变这种状况，政府和传播机构首先应当充分认识到技术鸿沟的存在，主动为技术薄弱的传播主体提供技术支持和培训。例如，可以开展针对小型媒体和个人创作者的AIGC技术普及课程，邀请专业的技术人员进行授课，同时提供实际操作的机会和案例分析，通过系统的培训，帮助其了解AIGC技术的基本原理和应用方法，提升技术应用能力。其次，建立技术共享平台，是促进技术广泛传播和应用的重要途径。让拥有先进技术的主体能够分享技术经验和资源，有助于形成一个技术交流与合作的良好生态。一些大型科技公司在这方面具有引领作用，如部分公司可开放部分AIGC技术接口，供小型组织免费或低价使用。这将大大降低小型组织获取技术的门槛，激发他们的创新活力。通过技术共享平台，不同规模的传播主体可以相互学习、共同进步，推动整个行业的技术水平提升。此外，设立技术扶持基金，选取部分地区或领域进行试点，对于那些因技术资源不足而受限的传播主体来说，是一项重要的支持措施。技术的发展需要资金的投入，购置必要的技术设备和软件往往需要大量的资金。技术扶持基金的设立，可以为传播主体提供及时的资金援助，帮助他们克服技术发展中的困难，实现技术升级和创新，从而在激烈的市场竞争中保持竞争力，为社会提供更优质的传播服务。

四是加强国际交流。与其他国家的传播主体进行交流，学习在文化多样性传播和技术应用方面的先进经验，是提升国家形象传播效果的重要途径。各国的媒体机构、社会组织、企业和个体可以积极与来自不同文化背景的传播主体建立定期的交流机制，分享在文化传播中的心得。例如，各国媒体机构从业人员开展业务交流，利用AIGC技术共同制作一系列反映两国文化交流与融合的节目。通过业务交流，能够互相学习在纪录片制作和文化节目传播方面的经验，互相借鉴在纪录片叙事手法、拍摄技巧以及后期制作上的先进理念，提升纪录片的质量和影响力；互相学习如何更好地展现各国丰富的历史文化和当代社会风貌，为其在全球范围内的文化传播提供更多元视角。通过在两国媒体平台的播出，也能够增进两国民众对彼此文化的了解和认同，让观众深刻感受到文化交流与合作带来的积极影响。

国家形象传播是一项复杂且系统的工程，AIGC的应用对促进政府、媒体、企业、社会组织和个人等不同传播主体的协同合作具有重要作用。在AIGC时代，国家形象传播既有新的可能，也面临诸多挑战。多元主体协同塑造能更全面、立体地展现国家形象，不同主体相互补充、配合，形成有机的传播体系，共同提升传播效果，为塑造和传播良好的国家形象积极贡献力量。

延伸阅读

1. 李.协同进化：人类与机器融合的未来［M］.李杨，译.北京：中信出版社，2022.

2. 张昆.国家形象传播［M］.上海：复旦大学出版社，2005.

3. 范红，胡钰.国家形象：文化自信与国家形象［M］.北京：清华大学出版社，2021.

思考题

1. 在AIGC时代，国家形象传播主体的构成发生了哪些显著变化？这些变化对国家形象传播的方式和效果产生了怎样的影响？

2. AIGC技术的发展为国家形象传播主体带来了新的机遇，但也伴随着新的挑战。请分析其中的主要机遇和挑战分别是什么，传播主体应如何应对？

第三章　AIGC 对国家形象传播渠道的影响

在当下的传播领域中，AIGC 正凭借着前所未有的强大力量推动传统传播渠道的变革与升级。新闻媒体顺利实现数字化蜕变，报纸、广播、电视、网站迈入智能化新进程。算法进一步拓宽国家形象传播渠道，助力聚合类平台媒体的崛起。与此同时，社交媒体等新兴平台媒体不断涌现，日益成为国家形象传播的新阵地。渠道多元化必然带来双重影响，这既涵盖信息过载所引发的筛选新难题，也包含精准传播和有效触达所带来的发展新机遇。通过本章学习，将对此有深入的理解。

学习目标

1. 了解AIGC推动国家形象传播传统渠道变革和升级的方式。
2. 掌握AIGC背景下新兴渠道在国家形象传播中的作用和影响。
3. 把握AIGC时代国家形象多渠道传播带来的机遇与挑战的应对方法。

第一节　AIGC 对传统渠道的变革与赋能

一、传统媒体

在传统的国家形象传播中，报纸、广播、电视和网站一直占据着重要地位。这些媒体机构的生产模式，我们称之为专业生产内容，即 PGC（Professional-Generated Content）。随着互联网技术融入传统媒体，形成人人都是内容生产者的 UGC（User-Generated Content）生产模式，对 PGC 内容生产模式产生了前所未有的冲击，引发传播渠道转型升级。[①]随着 AI 三大核心要素（算力、算法和算据）的进步，多模态的预训练模型给 AIGC 带来了多样化的内容生产能力，通过“对话+创作”的基本模式[②]，突破了语义鸿沟瓶颈，呈现出划时代的内容生成能力与自主学习迭代的能力，使其可应用性与推广性大为增加。[③]AIGC 为传统媒体带来了全新的变革与发展机遇，人工智能技术赋能新闻生产更是被美联社称为“增强新闻”，新闻媒体正迎来产能新驱动、体验新升级、业态新前景的良好机遇，[④]人机一

---

① 杨孔威. 以 AIGC 为代表的人工智能在传媒领域的发展和应用［J］. 中国传媒科技，2023（5）：76-80.

② 喻国明，苏健威. 生成式人工智能浪潮下的传播革命与媒介生态：从 ChatGPT 到全面智能化时代的未来［J］. 新疆师范大学学报（哲学社会科学版），2023，44（5）：81-90.

③ 朱鸿军，王涛. 人工智能国际传播研究：回顾、反思与展望［J］. 对外传播，2023（12）：13-16，21.

④ 新华社国家高端智库. 人工智能时代新闻媒体的责任与使命［R］. 北京：新华社研究院，2024.

体或人机协作将是未来智能新闻生产的主流，[①]这将极大地提升国家形象传播的效果和影响力。

1. 报纸

报纸作为历史悠久的传播媒介，在传统国家形象传播中，始终以文字和图片作为主要载体传递信息，其内容的生成主要依赖记者和编辑的采访与撰写。AIGC的出现，能够为报纸的内容生产带来显著的效率提升，促进国家形象传播的质与效。

AIGC能够辅助报纸编辑记者开展选题策划工作，通过对社会热点和读者兴趣的细致分析，提供极具价值的选题方向。如围绕国家重大科技突破、文化盛事等主题策划深度报道，不仅能够深入探寻背后的精彩故事，生动展现科研人员的拼搏奋进精神和文化活动的丰富深刻内涵，增强报纸内容的针对性和吸引力，还能够更加有效地传播国家的创新实力和文化魅力，助力国家在国际舞台上树立充满活力、富有内涵的良好形象。通过对读者反馈的深度分析，AIGC还能协助编辑优化报道方式和内容呈现形式，显著提高读者的阅读体验和满意度，进一步增强国家形象传播的效果。

在财经报道领域，AIGC凭借对海量数据的精准分析和处理，能够迅速生成有关股票市场动态、公司财务报告解读等内容。它不但能精准呈现关键数据要点，还能以简洁且明晰的语言展开分析和评论。借助AIGC的这些优势，报纸能够高效准确地传递信息，帮助国内外投资者及时洞悉国家的经济走势与市场环境，进而增强他们对国家经济的坚定信心。同时，AIGC能够将复杂的经济政策进行通俗易懂的解读，让广大普通读者也能

① 黄雅兰. 从大众媒体到个性化媒体：人工智能技术对新闻生产的影响［J］. 中国出版，2017（24）：9-12.

深切领会国家经济发展的战略规划和前行方向，有助于塑造国家在经济领域专业、稳健的形象。

【应用案例】《深圳晚报》推出全国首份AI融媒新闻纸

2023年12月15日，《深圳晚报》出版了全国首份AI融媒新闻纸。该报纸的版面中运用了大量AI生成的内容，例如内容摘要、延展报道、动态图片、图片视频等。除头版和4个广告专版外，11个新闻版面均由AI和深圳晚报社的记者、编辑合力完成。为了让读者清晰辨识记者编辑原创和人工智能创作的内容，版面用白色和蓝色两种背景进行了区分，白色背景部分是记者编辑采编的内容，蓝色背景部分则是人工智能生产的内容。

具体来说，AI融媒新闻纸在多个版面运用了智能生成内容摘要的功能，与记者采写的报道形成呼应关联。如2版稿件《6维度解码营商环境最佳口碑城市“三连冠”》讲述深圳多措并举营造国际一流法治化营商环境，运用AI生成了“营商环境评价指标”部分的内容摘要。在标准化程式化内容生产方面，以3版稿件《17日早晨最低气温将降至10℃左右》为例，AI生成了延展性报道《深圳即将迎来今年下半年最强寒潮》。记者报道大量引用来自深圳气象台、中央气象台、气象专家的观点；而AI生成的报道，信源主要来自深圳气象台、广东省气象部门发布的预报，且有关“此次大范围降温的主要特点”的部分内容更加注重宏观分析，强化了内容输出的开阔度。

从该报纸的实践情况看，AI创作主要用于天气报道、内容摘要、背景资料等方面，原创、深度的报道依然由记者、编辑执笔。例如在天气报道方面，AI生成的延展性报道会引用相关气象部门发布的预报，且在内容上更注重宏观分析；在内容摘要方面，AI能够生成与记者采写报道形成呼应关联的内容摘要；在图片和视频方面，给出几个关键词后，AI可自动生成相应的图片、视频，实现跨介质即时输出，释放融媒生产力。同时，所有内容实行严格的质量管控流程，由编辑严格遵循新闻出版行业标准规范，全面落实“三审三校”制度。

此次《深圳晚报》推出AI融媒新闻纸是传统纸媒数字化转型的一次积极尝试，目的是了解AI在报纸内容写作、编辑、生产、制作的哪些环节能减轻媒体人的工作量，以及在哪些方面能基于报纸的逻辑实现人类与AI的融合。不过，尽管AI目前起到了一定的辅助作用，甚至在某些方面表现出色，但仍缺乏人类的情感、直觉和经验，难以完全替代人类在深度报道和独特见解方面的能力。未来，如何更好地将人类智慧与AI技术相结合，推动新闻行业的发展，是一个值得持续探讨和实践的课题。

上述案例展示了人工智能技术在报纸内容生产中的多方面应用，包括辅助内容创作、提高生产效率、丰富内容形式等，为传统纸媒的数字化转型和创新发展提供了有益的参考，但它并不能完全取代人类记者和编辑的作用。在实际应用中，仍然需要记者的专业知识、判断力和监督力，以确保内容的准确性、客观性和可信度。此外，人工智能可能会存在一些局限性，例如对复杂情境的理解不足、可能受到数据偏差的影响等。因此，将人工智能技术与新闻工作者的智慧相结合，才能更好地保证报纸内容的质量。

2.广播

广播作为依靠声音传播的媒体，过去主要通过主持人和记者的播报来传递信息。AIGC时代，语音合成技术进步，使其能生成自然流畅、富有情感的语音内容。AIGC不仅可以用于新闻和交通路况播报，还能制作有声读物、广播剧等。

在新闻播报方面，AIGC能够实时获取国内外的重大新闻，并以生动、准确的语言进行播报。例如，在地震等突发事件的报道中，广播能够借助AIGC迅速发布权威信息，安抚公众情绪，展示国家在应对危机时的快速反应和有效管理。在交通路况播报中，AIGC能够实时获取路况信息并生动传达，让听众行车时及时了解路况，展现了国家交通体系的智能化管理。

对于有声读物和广播剧的制作，AIGC可以根据经典文学作品或原创故事，生成富有表现力的声音演绎。比如，将反映国家历史和文化的文学作品制作成有声读物，让听众在聆听中感受国家的文化底蕴和人文精神。广播剧则可以以生动的情节和精彩的对白，展现国家社会生活的方方面面，传递积极向上的价值观。

【技术畅想】在广播内容生产中应用AIGC提升国家形象传播

某国国际广播电台在对外传播中使用AIGC技术。通过利用语音合成技术，将有关中国文化、历史、科技发展等方面的文字内容转换为自然流畅、富有情感的语音节目。例如，在介绍中国古代的四大发明时，AIGC可以生动地讲述这些发明的起源、发展和对世界的影响，让国外听众更好地了解中国在科技领域的重要贡献，感受到中国的悠久历史和文化底蕴。在讲述中国现代科技创新成果时，如高铁、5G技术等，AIGC能够以清晰、准确的语言进行播报，展示中国在科技领域的快速发展和创新能力，提升中国在国际上的科技形象。

此外，AIGC能够根据大数据分析，精准把握不同国家和地区的听众特点、收听习惯和偏好，生成个性化的内容推荐。例如，针对中国音乐感兴趣的听众，推荐中国优秀的音乐作品、文化讲座等，传播中国的音乐文化，增强其对中国的文化认同；对于关注中国旅游的听众，介绍中国各地的风景名胜和特色旅游线路，吸引他们来中国旅游，增进对中国的实地了解。通过这些方式，AIGC能够更高效地制作和传播丰富多样的内容，向世界展示一个全面、多元、充满活力和创新精神的中国形象，促进不同国家和地区的人们对中国的了解和认知。

上述类似的应用在广播领域是具有可行性和潜力的，许多广播机构都在积极探索和利用AIGC技术来提升内容质量和传播效果，以更好地传播国家的文化、价值观和发展成就等，从而提升国家形象。随着技术的不断发展和应用的深入，未来可能会出现更多具体而实际的成功案例。

3.电视

电视作为一种集图像、声音、文字于一体的媒体，过去主要依赖人工创作、拍摄和制作内容。如今，AIGC在内容创作和视觉效果方面发挥着重要作用，为国家形象的传播提供了有力支持，有助于提升国家的知名度、美誉度和影响力。

在新闻报道方面，电视借助AIGC技术可以实现更加直观和生动的信息传递，特别是通过虚拟演播室技术，将复杂的数据和图表以三维立体的形式呈现，使观众更容易理解国家在经济、科技等领域的发展成就，展示国家的实力和进步。

在电视剧制作中，AIGC能够辅助编剧生成剧本初稿，为创作提供灵感和框架，通过着力展现国家人民的生活百态、价值观念和社会发展，可以塑造积极正面的国家形象。例如，创作以当代都市为背景的电视剧，反映年轻人在追求梦想过程中的奋斗与成长，展现国家充满活力和机遇的社会环境，向国内外观众传递国家的发展活力和进步态势。或者以历史为题材，讲述国家在不同时期的英勇抗争和辉煌成就，激发观众的爱国情怀和民族自豪感，增强国家的凝聚力和认同感。

此外，在电视广告制作中，AIGC能够根据产品特点和目标受众的心理需求，快速生成创意广告脚本，并通过特效合成技术打造出引人瞩目的视觉效果，提升广告的传播力和影响力。例如，宣传国家的特色文化、旅游资源等，能够吸引国内外观众的关注和兴趣，展示国家的优质产品和独特魅力，促进国内消费市场的繁荣和国际旅游产业的发展，推动国家经济的增长。

【应用案例】央视新闻《AI数“读”两会》

在2024年全国两会期间，央视新闻推出了系列竖屏短视频《AI数“读”两会》，每一篇内容都实现了高质量、高立意的传播效果；针对2024年《政府工作报告》中有关民营企业、对外开放政策、中国农业政策的重点内容，央视新闻不仅通过AIGC技术提取重点数据，还在短视频生产中针对画面内容、画外音和配乐等全链使用AIGC技术生成，拓宽了传统内容的创新性表达路径。

【技术畅想】在电视内容生产中应用AIGC提升国家形象传播

某纪录片频道计划运用AIGC技术制作文化类纪录片。AIGC能够对历史资料进行数字化修复和重建，还原真实的历史场景，为观众带来更加震撼的视觉体验，使得观众能够更为清晰地领略文物的细节之美，深入了解其背后的历史背景。通过这种方式，有力展示国家源远流长的历史和璀璨辉煌的文化，可以极大提升国家的文化形象。此外，在讲述古代文明的纪录片中，通过AIGC技术重现古代城市的繁荣景象，能让观众仿佛穿越时空，深刻感受国家悠久的历史和深厚的文化底蕴，提升国家在文化领域的影响力。AIGC还可以对自然景观进行模拟和渲染，制作出展现国家壮美河山的纪录片，吸引国内外观众对国家自然风光的向往和赞美，促进国家旅游资源的推广。

4.网站

网站在传统的国家形象传播中，是一个综合展示文字、图片、音频、视频等多媒体形态内容的平台。过去，网站内容的更新和维护主要依靠人工采编、上传发布。在AIGC时代，网站迎来了显著的变革和赋能。

AIGC能够通过对海量数据的挖掘和分析，自动生成符合网站主题和风格的高质量文章。例如，在旅游资讯类网站，AIGC可以根据目的地的景点、美食、文化等信息，快速创作出吸引人的游记和攻略，展示国家丰富的旅游资源和独特的文化魅力。这些文章不仅能够为游客提供详细的旅行指南，还能够激发他们对国家的探索欲望。同时，AIGC可以根据不同季节和节日，及时更新旅游推荐内容，推出特色旅游线路和活动，吸引更多游客前来体验。

在图片和视频方面，AIGC能够利用图像识别和生成技术，为网站提供个性化的图片推荐和视频素材。例如，在时尚类网站，AIGC可以根据当前流行趋势生成搭配建议的图片展示，展现国家的时尚潮流和创新设计。在文化类网站，AIGC能够生成精美的艺术作品图片和介绍，传播国家的传统艺术和现代创意。对于视频内容，AIGC可以协助制作短视频，快速展示国家的最新动态和精彩瞬间，吸引用户的关注和分享。

同时，AIGC还能助力网站的用户交互体验。通过自然语言处理技术，实时解答用户的咨询和问题，提供精准的服务。比如，为外国游客提供关于国家旅游、文化交流等方面的咨询服务，加强国际间的交流与合作。在商务网站上，AIGC可以为企业提供市场分析和行业报告，帮助他们了解国家的经济环境和发展机遇。AIGC还能够根据用户的浏览历史和偏好，为其推荐相关的内容和产品，提高用户的满意度和忠诚度。

【技术畅想】在网站内容生产中应用AIGC提升国家形象传播

某门户网站计划使用AIGC分析用户行为数据，对网站的页面布局、内容推荐等方面提供优化建议，提升用户的满意度和留存率。通过对用户点击量、浏览时长、评论等数据的分析，AIGC能够了解用户的兴趣和需求，从而调整网站的栏目设置和内容展示顺序。比如，将用户关注度高的内容放在更显眼的位置，优化网站的导航栏和搜索功能，方便用户快速找到感兴趣的信息。同时，AIGC还可以根据用户的地域、年龄、性别等特征，进行个性化的页面设计和内容推荐，为不同用户群体提供定制化的服务体验。

总之，AIGC技术为报纸、广播、电视和网站等传统媒体注入了新的活力，使其在国家形象传播中发挥出更大的作用，更好地向世界展示国家的魅力和实力。在未来，随着AIGC技术的不断发展和创新，相信将为国家形象传播带来更多的惊喜和突破，让国家的声音在全球范围内更加响亮、清晰。

二、外交与国际交流活动

1.元首外交

元首外交在塑造和传播国家形象方面具有特殊作用，AIGC的融入为这一传统渠道注入了新的活力和挑战。

在信息传播的速度和广度上，AIGC带来了前所未有的提升。在外交活动中，各国领导人的讲话、声明和互动瞬间通过新闻平台和社交媒体迅速传播到全球各地。AIGC技术能够实时对这些信息进行多语言翻译和分析，让不同语言和文化背景的受众能够及时了解领导人的外交意图和政策主张。例如，在领导人的重要外交演讲后，AIGC驱动的新闻摘要和分析能够在短时间内出现在各大媒体平台，为公众提供简洁明了的解读。同时，AIGC还可以利用图像识别和情感分析技术，对领导人在外交场合的表情、肢体语言等进行解读，为公众提供更全面、立体的信息。

AIGC为领导人外交活动的策划和准备提供了强大的支持。通过对全球舆论趋势和各国政策动态的大数据分析，AIGC能够协助外交团队预测可能出现的问题和挑战，并制定相应的应对策略。例如，在领导人出访前，AIGC可以分析目的地国家的舆论关注点和民众期望，为领导人准备更具针对性的演讲内容和交流议题。此外，AIGC还可以通过模拟外交对话和谈判场景，让领导人及其团队提前熟悉可能出现的情况，提高应对复杂局面的能力。

然而，AIGC也带来了一些潜在的问题。由于技术发展和数据不足等种种缺陷，AIGC也存在系统性偏见、价值观对抗、“观点霸权”、刻板印象等问题。此外，虚假信息和谣言可能会借助AIGC技术迅速传播，对领导人外交活动产生负面影响。例如，恶意利用AIGC生成的虚假领导人讲话或外交事件可能引发国际社会的误解和各国关系的紧张。此外，在不同文化背景下，单纯运用AIGC翻译领导人外交对话与演讲可能导致跨文化传播的失效。因此，在利用AIGC传播领导人外交信息时，必须加强对信息的核实和监管，确保传播内容的真实性和准确性。同时，外交团队也需要提高应对虚假信息的能力，及时澄清事实，维护国家形象和外交关系的稳定。

2.文化和教育交流

文化和教育交流是国家间增进相互理解、建立友好关系、维护国家形象的重要桥梁，AIGC的应用为这些领域带来深刻的变革和拓展。

在文化交流方面，AIGC激发了文化创作的无限可能。通过机器学习和深度学习算法，AIGC能够生成富有创意和独特风格的艺术作品、音乐作品、文学作品等，展现国家的文化多样性和创新精神。例如，利用AIGC技术创作的具有民族特色的音乐作品，可以在国际音乐平台上传播，让更多人了解和欣赏到该国的音乐文化。同时，AIGC还可以帮助文化机构进行数字化营销和推广。通过对用户兴趣和行为数据的分析，AIGC能够精准推送文化活动信息，吸引更多观众参与。例如，根据用户的浏览历史和购买记录，向其推荐符合其兴趣的文化展览、艺术演出等活动。

在教育交流领域，AIGC 推动了在线教育的发展和创新。智能辅导系统基于AIGC 技术，能够根据用户的学习情况和特点提供个性化的学习计划和辅导。如，对于学习外语的用户，AIGC 驱动的语言学习软件可以根据其发音、语法错误等提供针对性的纠正和练习建议。此外，AIGC 还促进了教育资源的全球共享。通过智能推荐和匹配算法，用户可以更容易地获取来自世界各地的优质教育课程和学习资料，拓宽视野，增进国际理解。

三、大型国际活动

1. 大型体育赛事

大型体育赛事是具有戏剧性、群众性、大众性、感染力和国际意义的大型事件。[①]举办赛事不仅能够帮助所在国家或城市获得发展资源和全球性曝光的机会，获得经济收益并创造就业机会，还能推动公民参与构建起新型社会关系。近年来，各国通过大型体育赛事塑造国家形象的机制与路径呈现出多元化发展态势。特别是人工智能技术的引入，包含计算机科学中可以模拟、延伸、拓展人类智能的技术，[②]从各个方面重塑了传统的大型赛事的传播交互体系。

在赛事的报道方面，AIGC 可以实现数据驱动的实时分析和精彩解说。通过对运动员的生理数据、比赛表现数据以及历史数据的整合分析，AIGC 能够在比赛进行中为观众提供实时的战术解读、运动员状态评估和比赛结

---

① HORNE J. Sports mega-events：three sites of contemporary political contestation [J] . Sport in society，2017，20（3）.

② 史安斌，高姝睿. 人工智能在新闻传播中的运用：实践探索与伦理困境［J］. 青年记者，2022（19）：92-96.

果预测。例如，在游泳比赛中，AIGC可以根据运动员的出发反应时间、每个阶段的速度以及过往比赛成绩，预测最终的名次，并分析运动员所采用的战术是否有效。同时，AIGC还能与解说员合作，为观众提供更丰富、深入的赛事解说，增强观众对比赛的理解和欣赏。

在观众互动方面，人工智能能够通过技术优势及时获取分析全球范围内的大量数据，通过个性化推荐方式，增强观众对体育赛事的参与感与临场感。从整体上使赛事观看、观众互动和信息传播过程都更加智能化、个性化。①AIGC通过分析观众的兴趣偏好、地理位置和社交关系等数据，为观众推送定制化的赛事内容、周边活动信息和互动体验。例如，对于喜欢某个特定项目的观众，AIGC会为其提供该项目的运动员专访、训练幕后花絮等专属内容。同时，利用AIGC驱动的聊天机器人和社交平台互动工具，观众可以与其他粉丝进行实时交流，分享观赛感受，形成一个全球性的奥运社交社区。

【应用案例】AIGC助力奥运会的开幕式和闭幕式

奥运会作为全球瞩目的体育盛事，是国家形象展示的绝佳舞台，AIGC的应用为奥运会的传播带来了全方位的创新和变革，特别是为奥运会的开幕式和闭幕式中注入了令人惊叹的创意和视觉效果。借助虚拟现实、增强现实和三维建模技术，AIGC能够协助导演团队设计出如梦如幻的舞台场景和表演环节。例如，在2018年平昌冬奥会闭幕仪式上，张艺谋和团队用8分钟的时间，充分展示了国家形象并向全球发出2022年北京冬奥会的邀请。整个展示过程由人工智能和人类演员共同完成。这是中国首次以人工智能的形式，向世界传播中国

① 史安斌，张碧思. 巴黎奥运会的数智传播：技术创新、传播效果与发展趋势［J］. 青年记者，2024（10）：89-96.

声音，展现中国形象，也是一次人工智能助力国家形象传播的有效实践。

2. 世博会

世博会作为展示各国科技、文化和创新成果的重要平台，AIGC的应用为其带来了更高效的策划、更精彩的展示和更优质的观众体验。

在展览策划阶段，AIGC成了创意的引擎和决策的助手。通过对海量的设计案例、用户需求数据和市场趋势的学习，AIGC能够生成多样化的展馆设计方案和展品展示思路。例如，在确定展馆主题时，AIGC可以根据主办国的文化特色、当前全球热点话题以及未来发展趋势，提供一系列富有创意和前瞻性的主题建议。同时，AIGC还能对不同方案进行模拟和评估，包括人流量预测、观众停留时间分析等，帮助策划团队做出更科学合理的决策。

在展会期间，AIGC可以打造智能化的导览和服务信息体系。基于自然语言处理和定位技术，AIGC驱动的智能导览应用能够根据观众的位置和兴趣，提供个性化的参观路线和展品讲解。当观众走进一个展馆时，智能导览应用会自动推送该展馆的重点展品介绍和相关的互动体验信息。同时，AIGC还能对展会现场的实时数据进行分析，如观众流量分布、热门展品关注度等，为组织者及时调整展览布局和服务设施提供依据，确保展会的流畅运行，提升观众满意度。

此外，AIGC可以推动世博会的线上线下融合发展。通过虚拟现实和增强现实技术，AIGC能够将线下的展览内容数字化，让无法亲临现场的观众也能通过网络平台获得身临其境的参观体验。例如，利用AIGC生成的虚拟展馆和展品展示，观众可以在家中自由浏览世博会的精彩内容，并与其他观众进行在线交流和分享。这种线上线下融合的模式不仅扩大了世博会的影响力，还为国家形象的传播提供了更广阔的空间。

总之，AIGC技术深刻地改变了国家形象传播的传统渠道。在传统媒体、外交与国际交流活动以及大型国际活动等方面，AIGC带来了产制效率、内容创新、精准传播和互动增强等多方面的跃升。然而，在充分利用AIGC优势的同时，我们也需要警惕潜在的问题，如信息真实性、数据隐私和文化适应性等。只有通过合理的规范和引导，才能更好地发挥AIGC的作用，为国家形象的传播创造更有利的条件，促进国际间的理解、合作与交流。

第二节　AIGC助力新兴渠道拓展与创新

一、社交媒体

社交媒体的兴起为国家形象传播提供了全新的平台和机遇。AIGC凭借其高效精准传播能力与多模态信息供给，深度影响个体用户的使用习惯和介入度，潜移默化地影响着用户的态度认同感，使其在广泛使用中形成一定的认知依赖[①]，这对社交媒体平台的国家形象内容传播效果产生积极作用。

1.社交媒体具有独特的传播优势

一是强大的用户基础和高度互动性。全球数十亿用户活跃在各种社交平台上，使信息能够在瞬间传播到世界各地。用户可以通过点赞、评论、分享等互动方式，迅速扩大信息的传播范围和影响力。例如，一条关于国家文化活动的精彩帖子，可能在短时间内被大量用户转发，引发全球范围

① 周亭，蒲成.生成式人工智能的国际传播能力及潜在治理风险［J］.对外传播，2023（4）：14-18.

内的关注和讨论。这种高度互动性不仅增强了信息的传播效果，还促进了用户之间的交流和共鸣，有助于形成对国家形象的多元认知。

二是用户生成内容的丰富多样视角。社交媒体允许用户生成内容，这为国家形象传播提供了丰富多样的视角。普通民众可以通过自己的经历和感受，分享对国家的印象和看法，这种来自民间的声音更具亲和力和可信度。例如，游客在社交媒体上分享在某个国家的美好旅行经历，能够吸引更多人对该国产生兴趣和好感。此外，用户生成内容还可以展示国家的多元文化和社会生活，让外界更全面地了解国家的真实面貌。

三是通过实时性和灵活性应对热点事件。社交媒体的实时性和灵活性使其能够快速响应热点事件，及时传播国家的立场和态度。政府和相关机构可以通过官方社交媒体账号发布权威信息，引导舆论，塑造积极的国家形象。在突发事件发生时，社交媒体可以成为信息发布和沟通的重要渠道，帮助国家及时传递应对措施和进展情况，增强公众的信心和安全感。

2. AIGC在社交媒体中的应用

一是内容创作与生成。AIGC在内容生产层面拥有强大的自主生产能力，可以辅助社交媒体平台生成各种类型的内容，如文章、图片、视频等。例如，通过自然语言处理技术，AIGC可以自动生成信息资讯、故事文案等，为社交媒体提供丰富的文本内容。同时，利用图像生成技术，AIGC可以创作吸引人的图片和海报，提升内容的视觉吸引力。

二是个性化推荐与精准传播。AIGC能够通过海量数据寻找不同模态间的对应关系，实现个性化的内容创作与精准传播，提升社交媒体用户的体验感与参与感。[①]AIGC可以根据用户的兴趣、偏好和行为数据，实现个性化推荐，将与国家形象相关的内容精准推送给目标用户。这有助于提高

① 郭全中，袁柏林. AIGC与WEB3.0有机融合：元宇宙内容生产的新范式［J］. 南方传媒研究，2023（1）：36-47.

信息的传播效率，让用户更容易接触到与国家形象相关的正面信息，从而增强对国家形象的认知和好感。

三是智能客服与互动体验。随着用户与社交媒体的深度绑定，AIGC技术在传播过程中可以通过数字人的情感交互，充分提升传播能级、水平和效果。[①] 例如，在社交媒体平台上，AIGC可以充当智能客服，及时回答用户的问题，提供相关信息和帮助；还可以与用户互动，如聊天机器人，与用户进行对话，增强用户的参与感和体验感。

四是引导热点与形成舆论。AIGC能够设置与国家形象相关的话题，并在社交媒体上迅速引发广泛的讨论和关注，营造出有利于国家形象传播的舆论氛围。比如，各种赛事期间，社交媒体上关于中国运动员精彩表现和赛事组织的话题热度极高，引发了全球网友的热议和点赞，展示了中国体育的实力和国家的良好形象。当然，这背后离不开人的策划和推动，AIGC只是增强了传播的效果和范围。

【技术畅想】

➢ 文化活动推广

某国计划举办一场盛大的文化节，利用AIGC技术生成了精彩的宣传视频和图片在社交媒体平台发布，并通过个性化推荐将这些内容推送给对文化类活动感兴趣的用户。用户在看到这些内容后，纷纷进行分享并参与讨论，吸引了更多人关注该文化节，从而提升了国家的文化形象。

➢ 旅游资源宣传

利用AIGC生成的精美的旅游图片和吸引人的文案，在社交媒体

---

① 韦路，陈曦. AIGC时代国际传播的新挑战与新机遇［J］. 中国出版，2023（17）：13-20.

上推广某国的旅游资源。用户看到这些内容后，被激发了旅游的兴趣，纷纷计划前往该国旅游，促进了旅游业的发展，同时也提升了国家的形象。

➢ 重大活动传播

在国家举办重大活动时，主流媒体借助社交媒体平台通过AIGC及时发布相关信息，并进行深入解读和分析。这些内容吸引了用户的关注和讨论，让更多人了解到国家的发展和进步，增强了国家的影响力和自豪感。

AIGC助力社交媒体提升国家形象传播也面临着一些挑战，其中包括信息真实性和可信度的问题，因为AIGC生成的内容可能存在虚假或误导性信息，所以社交媒体平台需要加强审核和监管，以确保传播的信息真实可靠，同时用户也应提高辨别能力，不轻易相信和传播未经证实的信息；此外，文化差异和语境理解也是一个重要方面，不同国家和地区有不同的文化背景和语境，AIGC在生成内容时需充分考虑这些因素，以避免因文化差异导致误解或冲突，社交媒体平台可通过多语言支持和文化适应性设计来更好地传播国家形象；还有隐私和安全问题，AIGC技术的应用涉及用户数据的收集和分析，社交媒体平台需要加强隐私保护和数据安全管理，确保用户的权益不受侵犯。

二、短视频平台

短视频平台作为新兴传播渠道，凭借其独特优势，在国家形象传播中发挥着举足轻重的作用。人工智能技术在短视频生产制作中的嵌入为短视频塑造国家形象带来了新的契机。人工智能技术强化短视频制作的选题针对性，提高短视频制作的策划合理性，从而提升短视频制作的效率和传播的效果。[①]高质高效的内容生产是AIGC技术融入短视频创作的显著优势。[②]

1.短视频具有强大的传播优势

短视频凭借其短小精悍、内容丰富的特点，互动性、趣味性和流动性的传播优势，融“自塑”和“他塑”手段于一体，成为展现国家形象的重要手段，也成为各个国家在国际传播场域抢夺国际话语权的新路径。[③]通过精彩纷呈的画面、生动悦耳的音乐和简洁明了的文字，短视频能够迅速展现国家的风土人情、科技创新和文化魅力，在转瞬之间吸引观众的注意力，并精准传递关键信息。例如，一段展示国家壮丽自然风光的短视频，仅需短短数十秒，便能让观众对该国的美景心驰神往，进而激发他们对这个国家的浓厚兴趣和美好情感。

短视频平台的算法推荐机制能够依据用户的兴趣偏好和行为习惯，将相关的短视频精确推送至目标受众面前，极大地提高了国家形象传播的针对性和实效性。这种个性化推荐方式，使得对国家形象感兴趣的用户能够更加便捷地接触到与之相关的内容，从而加深他们对国家形象的了解和认知，进一步增强国家形象传播的影响力。

此外，短视频能够在极短的时间内迅速扩散，形成广泛而深远的影响力。一个优秀的短视频往往能够在瞬间传遍全球，让更多的人领略到国家的独特魅力和强大实力，有助于显著提升国家的知名度和美誉度，为国家形象的塑造和传播提供有效的渠道和平台。

---

① 王莹. 人工智能技术对短视频制作的促进及影响［J］. 新闻传播，2024（15）：62-63.

② 陈兵. 人工智能介入短视频创作的伦理风险及应对策略［J］. 中国电视，2024（9）：75-80.

③ 崔维维. 共生、抵抗、融合：短视频嵌入国家形象安全建构逻辑［J］. 湖北社会科学，2024（5）：47-57.

2. AIGC在短视频中的应用广泛

短视频行业对受众的关注度、点击率等数据竞争十分激烈，面对受众的需求更加细化，短视频生产者必须面向受众群体提供符合其兴趣与需求的短视频作品，进而带来从初级认知到高级美誉度的传播效果。[①]AIGC技术在短视频创作领域中展现出强大的赋能作用，能够辅助生成丰富多样的视频内容，涵盖脚本创作、图像生成以及音频合成等多个方面，更加精准匹配受众需求。例如，借助自然语言处理技术，AIGC可以根据给定的主题自动生成独具创意的短视频脚本，为创作者提供源源不断的创作灵感和新颖的创意方向。同时，利用先进的图像识别和生成技术，AIGC可以构建出逼真动人的场景和令人惊叹的特效，极大地增强了视频的视觉吸引力，使观众能够更加直观地感受到国家的美丽风光和独特魅力。

AIGC还可以进一步优化短视频的推荐算法，通过深入分析用户的喜好和行为数据，更加精准地推送与国家形象紧密相关的短视频，从而显著提高传播效果。通过对用户的观看历史、点赞、评论等数据进行细致分析，AIGC能够精准洞察用户的兴趣偏好，进而推送更符合用户需求的短视频，有效增加用户对国家形象的关注度和认同感。

此外，AIGC还可以广泛应用于短视频的后期制作环节，如高效的视频剪辑、精准的字幕添加以及精妙的色彩调整等。这些功能不仅能够大幅提高短视频的制作效率，还能显著提升制作质量，使创作者能够更加迅速地制作出高质量的短视频。短视频还可以通过AIGC技术生成多语言字幕和精准的配音，使得国家形象的传播能够跨越语言障碍，触达更为广泛的受众群体。例如，一个介绍中国自然风光的短视频，运用AIGC技术将解说词翻译成多种语言，并根据不同语言的语音特点进行精准配音。这样，

① 王莹. 人工智能技术对短视频制作的促进及影响［J］. 新闻传播，2024（15）：62-63.

无论观众来自哪个国家，都能轻松理解视频内容，感受到中国大自然的壮美。

【技术畅想】

➢ 传统武术

通过AIGC技术，生成精彩的武术表演场景，展示中国武术的博大精深和独特魅力。首先，通过AIGC技术中的动作捕捉和模拟功能，对专业武术演员的动作进行精准采集和分析。其次，利用这些数据生成高度逼真的武术表演动画，使得视频中的武术演员动作流畅自然，展现出中国武术的精湛技艺和独特魅力。在背景画面的生成上，AIGC技术根据武术的主题和风格，自动生成与之相得益彰的虚拟场景。这些场景包括古老的寺庙、壮丽的山水等，营造出一种充满中国传统文化氛围的背景，让观众仿佛置身于武术的世界中。同时，AIGC技术帮助完成音乐的选择和匹配。通过对音乐库的智能分析，挑选出了节奏激昂、富有力量感的音乐，与武术表演的动作和氛围完美契合，进一步增强了视频的感染力。在视频的后期制作中，AIGC技术对画面进行优化和增强，调整色彩、对比度等参数，使得画面更加生动、鲜明。这样可以促使世界各地的观众被视频中精彩的武术表演、精美的画面和动人的音乐所吸引，对中国传统武术产生浓厚的兴趣，由此加深他们对中国文化的了解和认识。

➢ 现代城市发展

在短视频的制作中，充分利用AIGC技术，展现中国城市的崭新风貌和蓬勃发展的景象。首先，通过AIGC技术中的图像识别和生成功能，获取大量中国城市的高楼大厦、现代化交通和繁荣商业景象的图片和视频素材。这些素材经过智能筛选和组合，形成一幅丰富多彩、充满活力的城市画面。同时，运用AIGC技术的数据可视化功能，将城市在经济、科技、环保等方面的发展数据进行了整理和分析。例如，展示城市的GDP增长趋势、科技创新成果的数量、环保指标的改善情况等。通过将这些数据转化为直观的图表和图形，如柱状图、折线图、地图等，使观众能够清晰地看到城市在各个领域的发展成就。在视频的制作过程中，AIGC技术还能够根据音乐的节奏和情感，自动匹配合适的画面和场景切换，使得视频的视听效果更加和谐统一。此外，通过智能剪辑和特效添加，增强视频的节奏感和吸引力，让观众更容易沉浸在视频所展示的城市发展之中。视频中所呈现的中国城市的现代化进程和发展潜力，可以让受众看到一个充满活力和创新的中国。

在AIGC助力短视频提升国家形象传播的过程中，不可避免面临一些挑战。生成式人工智能在提供高效率的助手、增添额外的资源和创新的可能性的同时，也带来了更复杂的专业问题。[①]比如，短视频创作难免陷入一些“套路”，如作品沦为画面和同期声素材的堆砌，过度追求视觉表现力和技术运用，从而不可避免存在主题同质化、叙事方式单一化等问题。[②]同时，AIGC推荐算法背后蕴含着人类理智和本能的冲突，不难发现，若短视频平台的算法推荐过于迎合用户即时娱乐的本能需求，将有塑造不良社会价值观的风险。[③]AIGC技术在技术风险多维度、社会影响复杂等属性上产生了新的治理挑战与风险。[④]

① 陈昌凤. 生成式人工智能与新闻传播：实务赋能、理念挑战与角色重塑［J］. 新闻界，2023（6）：4-12.

② 陆先高，冯蕾. 从重大主题短视频新探索看主流媒体转型［J］. 中国报业，2018（7）：16-18.

③ 陈兵. 人工智能介入短视频创作的伦理风险及应对策略［J］. 中国电视，2024（9）：75-80.

④ LAN X，ZHEN J P. Ethical governance of artificial intelligence：an intergrated analytical framework［J］. Journal of didital economy，2022（1）：44-52.

因此，短视频平台需要持续加强对AIGC技术的深入研究和开发，不断提高其生成内容的质量和准确性。首先，通过不断改进算法和模型，提升AIGC技术对各种复杂情境的理解能力，减少误差和偏差，确保生成的内容更加真实、准确地反映国家形象。其次，要建立健全完善的审核机制，对AIGC生成的短视频进行严格把关。采用人工审核和智能审核相结合的方式，确保短视频内容符合法律法规和道德规范，传播积极正面的国家形象。再次，要进一步加强跨文化交流和理解，确保短视频内容能够被不同文化背景的受众广泛接受和认同，增进不同文化之间的交流和互鉴，提升国家形象的亲和力和影响力。最后，要积极鼓励用户踊跃参与短视频创作和传播，同时不断提高用户的媒体素养和辨别能力，能够有效避免虚假信息的传播，增强国家形象传播的效果和公信力。

第三节　渠道多元化的双重效应

在当今时代，传播渠道的多元化既孕育着宝贵的机遇，也带来了严峻的挑战。信息传播的途径和方式愈发丰富多样，从传统的报纸、广播、电视、网站，到新兴的社交媒体、短视频平台，人们获取信息的渠道呈现出前所未有的广泛态势。与此同时，AIGC时代渠道多元化所产生的双重效应，包括信息过载的棘手难题以及精准传播的难得机遇，对国家形象传播也产生着深刻的影响。

一、信息过载的难题

信息过载（Information Overload）是指人们在面对大量的信息时，无法有效地处理和吸收所需的内容，导致信息的数量超过了个人或系统的处理能力。美国学者理查德·索尔·沃尔曼（Richard Saul Wurman）认为，信息过载并不是指人们拥有太多的信息，而是指人们所拥有的信息超出了其处理和有效利用的能力。这意味着，尽管我们生活在一个信息丰富的时代，但过多的信息可能会使我们感到困惑、焦虑和不知所措，反而降低了我们获取有价值信息的效率和质量。尤其在当前，随着AIGC的迅速发展，信息过载的情况愈发严重。AIGC能够以极快的速度生成大量的文本、图像、视频等内容，进一步加剧了信息的泛滥。

1. 筛选与辨别信息的困难

随着传播渠道的日益丰富以及AIGC的加入，海量信息如潮水般汹涌而来。在国家形象传播领域，有关国家的政治、经济、文化、社会等多方面的信息在各种渠道中广泛传播，AIGC生成的内容也掺杂其中，使得信息来源更加繁杂、观点更加各异且质量更加参差不齐。例如，关于中国的经济发展，既有官方权威发布的详细统计数据，又有专家学者的深度分析评论，还有各类媒体的多角度报道解读，以及普通民众基于自身感受的个人观点分享，再加上AIGC生成的看似专业却可能存在偏差的内容。这使得受众在筛选和辨别有效信息时困难重重。以中国的科技创新成果报道为例，可能同时存在专业的学术论文、科普文章、新闻报道、社交媒体上的碎片化观点以及AIGC生成的相关内容。受众在面对如此多样且复杂的信息时，往往因缺乏足够的时间和专业能力去逐一分析和判断，而感到迷茫困惑，难以准确找到能真实、全面反映国家科技创新形象的关键信息，从而可能导致对这一领域的理解出现偏差或片面。

2. 信息疲劳的负面影响

信息过载不仅让受众在筛选和辨别信息时倍感艰难，还极有可能引发信息疲劳。当人们持续被大量信息轰炸时，大脑会逐渐感到疲倦和麻木，进而对新的信息丧失兴趣和敏感度。而AIGC带来的大量信息更是加重了这种情况。在国家形象传播方面，过多且重复的信息可能令受众产生抵触情绪。以法国的旅游宣传为例，如果总是重复展示埃菲尔铁塔、卢浮宫等知名景点，再加上AIGC可能生成的大量类似内容，就可能让受众感到缺乏新鲜的内容和独特的视角。这会显著降低国家形象传播的效果，使受众对国家相关信息的关注度和信任度大幅下降。

信息疲劳还可能致使受众对国家形象的认知停留于表面，无法深入领会其内涵和本质。由于难以有效处理和吸收过量的信息，受众可能仅仅对一些浅显、直观的形象元素留有印象，而对于国家的核心价值观、深厚的文化底蕴、长远的发展战略等深层次内容缺乏深入了解。这对于国家形象的全面、准确传播极为不利。比如，在澳大利亚的国家形象传播中，如果过多强调其自然资源和旅游风光，而对于其在教育、科研、社会福利等方面的努力和成就介绍不足，再加上AIGC生成的大量表面化内容，就可能导致外界对澳大利亚的认知不够全面和深入，仅仅停留在表面的美好景观上。

为应对信息过载问题，传播者必须更加注重内容的质量和精准度。在制作国家形象传播的内容时，要确保信息的准确无误、权威可靠。同时，运用有效的信息组织和呈现方式，比如采用简洁明了的语言表述、生动直观的图表展示、富有吸引力的故事叙述等，帮助受众迅速获取关键信息。此外，还可以通过建立权威的信息发布平台，对国家形象相关的信息进行系统整合和精心筛选，为受众提供高质量的信息服务。尤其要警惕AIGC带来的信息泛滥，加强对AIGC生成内容的审核和监管，确保国家形象传播的准确性和有效性。

二、精准传播的机遇

在AIGC时代，渠道多元化所带来的信息过载难题固然棘手，但与此同时，精准传播的崭新机遇也应运而生，为国家形象的有效传播开辟了全新的路径。

1.个性化内容

伴随大数据技术的持续发展和广泛应用，传播者能够收集和分析海量的用户数据，涵盖用户的兴趣偏好、浏览习惯、消费行为等诸多方面，AIGC可以根据大数据分析的结果快速生成个性化的国家形象内容。比如，通过分析用户在社交媒体上的关注话题、点赞和评论内容，传播者可以判断出用户对国家形象的哪些方面兴趣浓厚，是文化艺术、科技创新还是旅游资源等。基于这些分析结果，传播者可以借助人工智能算法为用户推送个性化的国家形象内容。倘若用户对意大利的文化艺术充满兴趣，就为其推送该国的艺术展览、传统歌剧表演、特色手工艺品制作等相关内容；如果用户关注日本的科技创新，就推送该国在机器人技术、新能源开发等领域的最新成果和创新项目。这种大数据分析和个性化推送的方式能够极大地增强国家形象传播的针对性和有效性。受众接收到的是与自身兴趣高度相关的内容，更容易引发关注和产生共鸣，从而增进对国家形象的好感和认同。

2.资源利用升级

传统的大规模、无差别传播方式往往难以精准触达目标受众，导致资源的浪费和传播效果的不尽如人意。而精准传播能够将有限的资源集中投放到真正对国家形象感兴趣的受众群体中，大幅提高资源的利用效率，显著提升国家形象传播的效果。借助AIGC实现精准推送，国家形象传播的内容能够更好地契合受众的个性化需求，激发受众的积极反馈和互动。例如，受众可能会主动分享感兴趣的内容、热情参与相关的讨论或者积极寻求更多的信息。这不仅有助于拓展国家形象传播的影响力，还能够构建起完善的传播效果评估机制。传播者可以依据受众的反馈和互动数据，进一步优化传播策略和内容，持续提升传播效果。

3.差异化传播

精准传播还有益于针对不同的受众群体制定差异化的传播策略，从而提升国家形象传播的全面性和有效性。不同的受众群体具有不同的文化背景、价值观和认知水平，对国家形象的关注点和接受方式也存在显著差异。对于青少年群体，可以采用更具趣味性和互动性的传播方式，如通过制作精美的动漫作品、开发有趣的游戏等形式来展示国家形象。日本在推广其动漫文化时，就吸引了全球众多青少年对其国家形象产生兴趣；对于专业人士和学者，可以提供深入、权威的研究报告和举办高规格的学术交流活动。德国在宣传其工业制造优势时，经常组织专业领域的研讨会和学术交流，塑造了其在相关领域严谨专业的国家形象；对于国际友人，可以侧重于文化交流和友好合作方面的内容传播。中国通过举办“欢乐春节”等文化交流活动，向世界展示了友好、开放的国家形象。AIGC可以为不同受众群体生成特定的传播内容，但同样需要注意内容的准确性和针对性。通过这种差异化的传播策略，能够满足不同受众群体的需求，使国家形象传播更加全面、深入，覆盖更广泛的人群。

总之，AIGC时代，渠道多元化在给国家形象传播带来信息过载难题的同时，也为精准传播创造了难得的机遇。传播者应充分借助大数据分析和人工智能等先进技术手段，不断优化传播策略和内容，显著提高国家形象传播的效果和影响力。同时，受众也应努力提升自身的信息筛选和辨别能力，积极参与和互动，携手推动国家形象的准确、全面传播。在未来的发展进程中，随着技术的不断进步和传播理念的持续更新，国家形象传播将在渠道多元化的环境中实现更加精准、有效的传播目标，为国家的发展和国际交流合作营造更为有利的环境。

第四节 渠道选择的优化与整合

在国家形象传播的进程中，渠道的选择与整合至关重要。合理优化渠道，能够显著提升传播效果，使国家形象得以更精准、更全面地呈现给国内外受众。有效的传播渠道如同桥梁，连接着国家与世界，让国家的形象、价值和魅力得以传递和展现。随着AIGC技术的发展，其在国家形象传播中的应用也为优化渠道选择与整合带来了新的机遇。在应对与适应AIGC赋能的新型传播格局过程中，传播主体的核心策略应是“以技术引领传播”。[①]

一、目标受众与渠道匹配

1. 信息获取习惯差异

要实现国家形象的有效传播，关键在于根据目标受众的特点选择合适的传播渠道。在当今信息丰富多样的时代，不同年龄段和群体的受众在信息获取习惯和偏好上存在显著差异。这种差异犹如一道道独特的指纹，反映了他们对信息的不同需求和接受方式。“Z世代”成长于数字化的浪潮之中，他们更倾向于通过社交媒体和短视频平台获取信息。社交媒体如微信、微博等，为他们提供了一个即时交流、分享和获取新鲜资讯的空间。短视频平台如抖音、快手等，则以其简短、精彩和富有创意的内容，迅速吸引了年轻人的目光。这些平台上的信息传播速度快、形式多样，能够满足年轻受众对于快捷、有趣和互动性强的信息需求。例如，通过AIGC技术生成创意短视频，能够以生动有趣的方式吸引年轻受众。相比之下，年

① 路小静，江翠平，姚永春. AI驱动下的国际传播变革：新型主流媒体的应对与适应策略［J］. 出版广角，2024（10）：50-55.

长受众在信息获取上可能更依赖传统的新闻媒体渠道。这些媒体的报道通常更为深入、全面，能够提供更具深度和广度的信息。对于国家重大政策的解读、国际形势的分析等内容，年长受众更倾向于从传统媒体中获取。比如，中央广播电视总台每天19：00播出的《新闻联播》，通过权威的报道和专业的解读，为受众传递国家的发展动态和政策方向。

针对年轻受众，可以重点利用社交媒体和短视频进行国家形象传播，并借助AIGC技术创作生动、有趣的内容。通过AIGC生成的社交媒体热门话题和互动活动，激发年轻受众的参与热情，让他们在参与中感受国家形象的魅力。对于年长受众，则可以通过传统媒体提供更深入、权威的报道。以严谨的分析、深入的解读和专业的评论，满足他们对于信息深度和准确性的需求。

2.地域、文化和兴趣的考量

目标受众的地域、文化背景和兴趣爱好等因素同样需要考虑。不同地域的受众，由于生活环境、社会背景的不同，对信息的需求和接受方式也有所不同。文化背景则影响着受众对信息的理解和感知方式。兴趣爱好更是直接决定了受众对特定内容的关注度和参与度。例如，对科技感兴趣的受众，可以选择在科技类媒体和相关社交媒体群组中进行国家科技形象的传播。科技类媒体如《科技日报》、科技频道等，能够提供专业、深入的科技资讯和报道。相关社交媒体群组则为科技爱好者提供了一个交流和分享的平台。在这些渠道中，可以发布我国在科技创新领域的最新成果、科研团队的故事以及科技应用对社会生活的改变等内容。比如，利用AIGC生成科技相关的图像、图表或动画，在科技类社交媒体群组中分享我国自主研发的芯片技术突破，或者在科技频道报道我国在人工智能领域的创新应用，能够吸引科技爱好者的关注，提升他们对我国科技形象的认知和认可。

对于特定地区的受众，可以选择当地流行的传播渠道和语言进行精准传播。比如，在东南亚地区，可以利用当地受欢迎的社交媒体平台和当地语言，传播我国的旅游资源、文化交流活动等内容。根据当地的文化特点和审美习惯，对传播内容进行调整和优化，使其更符合当地受众的口味。AIGC 可以帮助生成适应不同地区文化和语言习惯的内容，这样能够增强传播的亲和力和有效性，拉近与当地受众的距离。

二、整合策略与实践

1. 多渠道协同传播

单一的传播渠道往往难以实现全面、深入的传播效果，因此需要进行渠道整合。整合策略包括在不同渠道上发布协同一致的传播内容，形成合力，强化国家形象的传播效果。多渠道协同传播就像一场精心编排的交响乐，每个渠道都发挥着独特的作用，共同奏响国家形象传播的动人乐章。AIGC 技术能够为多渠道协同传播提供支持，例如生成适应不同渠道特点的内容版本。

在重大国家活动期间，通过新闻媒体进行详细报道，为受众提供全面、准确的活动信息和背景解读。同时，在社交媒体上引发话题讨论，让受众能够分享自己的观点和感受，形成互动和交流的氛围。在短视频平台上展示精彩瞬间，以直观、生动的视觉冲击吸引受众的注意力。例如，在举办国际体育赛事期间，新闻媒体可以报道赛事的筹备情况、运动员的备战动态以及赛事对城市发展的影响。社交媒体上可以开设相关话题，如“为运动员加油”“赛事背后的故事”等，引导受众参与讨论。短视频平台则可以发布赛事的精彩瞬间、运动员的风采以及观众的热情反应，让受众在短时间内感受到赛事的魅力和国家的活力。AIGC 可以协助生成与赛事相关的报道文案、话题内容和短视频脚本等。这种全方位、多层次的传播矩阵，能够覆盖不同类型的受众，满足他们多样化的信息需求，从而增强国家形象传播的影响力和覆盖面。

2. 依据特点分工协作

每个传播渠道都有其独特的优势和适用场景，需要合理利用这些特点进行分工协作，实现传播效果的最大化。

传统媒体凭借其权威性和专业性，适合发布权威信息和深度解读。例如，报纸的评论文章、电视台的专题节目，可以对国家政策、重大事件进行深入分析和解读，为受众提供全面、深入的理解视角。AIGC 可以辅助撰写深度报道的大纲、提供数据分析支持等。社交媒体则具有较强的互动性和较快的传播速度，适合进行互动和话题引导。通过发布有趣的话题、开展线上活动等方式，激发受众的参与热情，促进信息的快速传播和分享。AIGC 可以生成吸引人的话题、互动活动的创意等。短视频平台以其直观、生动的视觉表现形式，适合展示直观、吸引人的视觉内容。例如，通过精彩的视频画面展示国家的自然风光、文化遗产、科技创新成果等，给受众带来强烈的视觉冲击和直观感受。AIGC 可以参与视频的特效制作、音频节奏把控和视觉画面优化等。

3. 建立监测评估机制

在实践中，要建立有效的监测和评估机制，及时了解不同渠道传播效果，根据反馈调整优化传播策略，确保国家形象传播的持续改进和提升。监测评估机制就像一面镜子，能够清晰地反映出传播策略的执行情况和传播效果的优劣。

通过数据分析工具，对不同渠道的传播数据进行收集和分析，如点击率、浏览量、评论数、分享数等。了解受众的行为特征和反馈意见，评估传播内容的吸引力和影响力。AIGC 可以辅助分析大量的数据，提供洞察和趋势预测。根据监测评估的结果，及时发现问题和不足，调整传播策略和内容。如发现某个渠道的传播效果不佳，可以分析原因是内容不够吸引人、发布时间不合适还是传播方式不恰当，然后有针对性地进行改进。同时，建立长期的监测评估体系，跟踪国家形象传播的效果变化趋势，可以为制定长期的传播策略提供数据支持和决策依据。通过不断优化传播策略，适应不断变化的传播环境和受众需求，提升国家形象传播的效果和质量。

在国家形象传播中，目标受众与渠道的精准匹配、多渠道的整合与协同以及有效的监测评估机制是实现传播效果最大化的关键要素。AIGC技术的应用为国家形象传播带来了新的可能性和创新手段，通过深入了解受众需求，合理运用传播渠道，不断优化传播策略，能够更加精准、全面、有效地传播国家形象，提升国家的国际影响力和美誉度。

综上，AIGC技术无疑给国家形象传播渠道带来了意义深远且影响深刻的变革。于当下而言，一方面要充分挖掘传统渠道在变革中所蕴含的潜力，并推动其实现升级与优化；另一方面，要以积极进取的姿态去拓展新兴渠道的创新应用领域。与此同时，必须清醒地认识到渠道多元化所衍生出的一系列挑战和效应，以沉着冷静、科学合理的方式予以应对。通过精心优化渠道的选择与整合，达成国家形象的高效传播的目标，进而提升国家在国际舞台上的影响力和美誉度，为国家的发展营造更为有利的国际舆论环境。

延伸阅读

1. 彭兰.新媒体用户研究：节点化、媒介化、赛博格化的人［M］.北京：中国人民大学出版社，2020.

2. 张楠.新时代中国国家形象传播研究［M］.北京：中国社会科学出版社，2020.

3. 邓星华.体育文化传播与国家形象构建研究［M］.北京：科学出版社，2018.

思考题

1. 请举例说明传统传播渠道在AIGC影响下的具体变革实例，并深入剖析其产生的实际效果及所带来的影响。

2. 新兴渠道在借助AIGC传播国家形象时可能存在哪些潜在风险？针对这些风险，应如何利用AIGC或其他手段来有效应对？

3. 应当通过何种方式利用AIGC来优化渠道的选择与整合，从而达成国家形象传播效果的最大化，并请阐述其背后的理论依据和实践方法。

第四章　AIGC对国家形象传播内容的影响

AIGC作为一项前沿技术，正深刻地影响着国家形象传播的内容创作及质量保障等关键领域。本章聚焦AIGC为国家形象传播内容创作所带来的智能化变革，深入探讨从文本生成的创新至图像与视频创作的突破。研究如何借助先进技术实现传播内容的个性化和定制化，精准满足不同受众群体的多样化和特定需求。同时，注重内容质量与可信度的严格把控，建立专业的审核与评估机制。

学习目标

1. 了解AIGC在国家形象传播内容创作方面带来的智能化变革。
2. 掌握AIGC如何实现国家形象传播内容的个性化与定制化。
3. 掌握AIGC保障国家形象传播内容质量与可信度的重要措施。

第一节　AIGC创作智能化变革

在当今数字化的浪潮中，内容创作领域正经历着一场深刻的智能化变革。一个由人工智能技术重新定义新闻内容与体验的时机正在成熟。[①]AIGC作为引领变革的关键力量，也为国家形象传播内容的创作与体验带来了全新的思路和无限的可能。

一、文本生成

1. 自然语言处理技术

生成文本是对构成大语言模型训练集文本的总称，其中包括用于训练大语言模型普遍生成能力的基础文本，用于模型精调的对齐文本与用于提升大语言模型通用能力的再训练文本。[②]自然语言处理（Natural Language Processing，NLP）技术在AIGC实现文本生成创新方面发挥着至关重要的作用。自然语言处理的主要研究视角在于如何用计算机来理解人类语言的各种理论和方法，是语言学、人工智能和计算机科学的重要分支。主要在海量输入数据基础上，通过计算框架来构建表现语言能力和语言应用的模型，并在智能传播领域得到广泛应用，[③]旨在让计算机能够理解、处理和生

① ALI W，HASSOUN M. Artificial intelligence and automated journalism：contemporary challenges and new opportunities［J］. International journal of media，journalism and mass communications，2019，5（1）：40-49.

② 周慎. 新文本间性：生成式人工智能的文本内涵、结构与表征［J］. 新闻记者，2023（6）：39-45.

③ 何苑，张洪忠，张尔坤. 基于自然语言技术的智能传播应用与风控分析［J］. 传媒，2022（5）：48-51.

成自然语言文本，使得计算机能够更加智能地与人类进行交互和沟通。①

从语言学和传播学的交叉视角来看，语言不仅是信息传递的工具，更是文化、情感和价值观的载体。在文本生成方面，自然语言处理技术的应用使AIGC能够像人类语言大师一样，准确、生动且富有感染力地传达信息和情感，塑造国家形象。先进的深度学习算法使得AIGC模型能够深度理解和生成人类语言，这种能力的实现基于对语言结构、语义关系和语用规则的精确建模。通过自然语言处理技术构建形成的语义框架及事件名词词典，能够从文本信息中自动提取新事件的主题，用于自动化新闻的生成创作。② NLP的技术基础还能够迅速处理社交媒体中的海量内容和知识，提升文本生成过程中系统的推理能力。目前，NLP技术与业务场景进一步融合，从信息采集、编辑输出到审核等各个环节推动新闻媒体从机器写作向智能化内容生产的实践升级。③

例如，当中国成功发射新一代载人飞船这一重大科技突破需要及时向全球展示时，可以利用AIGC迅速整合来自航天部门的权威数据、专家解读以及相关历史背景信息，短时间内生成一篇结构严谨、语言生动且极具感染力的新闻稿。这样的文本生成过程不仅是对事实的陈述，更是对国家科技成就的一种价值塑造和情感传递。稿件准确阐述此次科技突破的关键技术创新、对航天领域的深远意义，让读者在获取信息的同时，感受到中国在航天领域的不懈努力和追求，从而增强对国家科技实力的认同和自豪。

---

① 田继贤. 智能媒体技术在融媒体时代新闻创作中的应用［J］. 电视技术，2023（7）：85-87.

② ZHANG H，BOONS F，BATISTA-NAVARRO R. Whose story is it anyway? Automatic extraction of accounts from news articles［J］. Information processing & management，2019，56（5）：1837-1848.

③ 何苑，张洪忠，张尔坤. 基于自然语言技术的智能传播应用与风控分析［J］. 传媒，2022（5）：48-51.

又如，当英国政府推出旨在促进绿色能源发展的重大政策时，AIGC可以利用其对自然语言的深度理解，生成一篇既涵盖政策具体细节，又能阐释其对英国能源结构转型、环境保护以及经济可持续发展多重影响的报道。这种报道不仅在信息层面上清晰准确，还能够从社会、经济和环境等多个维度进行深入解读，引导公众形成对政策的全面认知和积极评价，进而提升对国家在可持续发展领域的战略决策和行动能力的信任。

2. 基于数据驱动的创作模式

在信息爆炸的时代，大量真实有效的数据无疑是珍贵的宝藏。基于数据驱动的创作模式让AIGC能够从海量的数据中挖掘出有价值的信息和故事，为国家形象的传播提供丰富的素材和多样的视角。这种创作模式正在改变作品的创作方式，它疏离了作者与作品之间的联系，成为内容生产者根据用户画像技术精准发现消费需求并予以定制的产物，也就是"圆形监狱技术"的产物。[①]这一过程涉及数据挖掘、机器学习和知识图谱等多个领域的理论和技术。新兴智能技术在接口的自适应能力方面不仅有超越先前技术设备的潜力，甚至最终在整合多种表达方式方面的能力或将超越人类表达的界限。[②]

通过对丰富数据的深入分析，AIGC能够为文本创作持续提供灵感和素材。从知识管理的角度来看，AIGC实际上是在对海量的知识和信息进行整合、提炼和再创造。比如，在讲述美国的文化传承故事时，AIGC可以整合来自博物馆的藏品介绍、学术研究成果、民间传说以及社交媒体上民众的亲身经历分享等不同来源的资料。这种多源数据的融合能够打破信息的孤岛，构建一个更加全面、立体的文化叙事。生成的故事描绘了从早

① 徐晓露. "圆形监狱"：大数据时代的隐忧［J］. 青年记者，2014（1）：33-34.

② PETER J，KÜHNE R. The new frontier in communication research：why we should study social robots［J］. Media and communication，2018，6（3）：73-76.

期移民的艰辛开拓到现代多元文化的繁荣共生的过程，生动展现了美国文化的丰富内涵和强大生命力。这不仅让读者对美国的文化发展有了更深入的了解，也有助于在全球范围内传播和塑造美国的文化形象。

再如，在传播日本的传统工艺时，AIGC 可以分析大量的工艺技法介绍、工匠的口述历史、文化学者的研究论文以及游客的体验分享等内容。通过对这些多样化数据的综合处理，AIGC 能够揭示传统工艺背后的文化传承、技艺创新以及与现代社会的融合，让读者对日本传统工艺的精湛与独特有更深入的理解和欣赏，从而提升日本传统工艺在国际上的知名度和影响力。

3. 创意性文本生成

在内容创作的广阔天地中，常规文本形式有时难以瞬间吸引受众目光。而 AIGC 在创意性文本生成方面的积极探索，为国家形象传播注入了源源不断的新鲜活力。创意性文本生成不仅仅是语言的创新，更是对文化、情感和审美等多个维度的融合与创新。

除了传统的新闻和评论等文本类型，AIGC 宛如才华横溢的文学创作者，能够自如地创作出充满诗意的优美篇章、扣人心弦的精彩故事以及独具匠心的精妙广告语。AIGC 技术能够完成文图视等多模态信息的相互转化，实现文本的映射性转换；AIGC 技术通过重新整合多模态信息，基于文字描述完成数字绘图、动画建模、影像渲染等跨模态转换任务。[①] 从符号学和修辞学的角度来看，这些创意性文本通过独特的语言符号和修辞手法，激发受众的情感共鸣和联想，从而增强文本的传播效果。

以国家的旅游推广为例，当澳大利亚希望吸引更多游客领略其独特的自然风光和多元文化时，AIGC 可以凭借丰富的语言创造力，生成一系列充满想象力的宣传文案。比如："在这片广袤无垠的南方大陆，阳光与海

① 李雨昊，高迎刚. 生成式人工智能赋能短视频文本生产的价值逻辑、挑战与策略研究［J］. 电视研究，2024（4）：74-77.

浪交织成梦幻的画卷，每一次呼吸都饱含着大自然的芬芳，每一个脚印都续写着古老与现代的传奇。”这样如梦如幻的创新文案犹如一把神奇的钥匙，能够瞬间激发受众内心的好奇心和对远方的向往之情。这种文本通过对自然景观和文化元素的诗意描绘，构建了一个充满魅力和吸引力的旅游形象，吸引更多游客前往探索。

同样，当意大利想要突出其丰富的艺术遗产和浪漫风情时，AIGC可能会创作出这样的文案：“在亚平宁半岛的古老街巷，艺术的灵魂在每一块砖石中低语，岁月的诗篇在每一道光影中流淌。漫步其间，你便是历史与浪漫的主角。”这种富有感染力的文字，无疑为意大利的旅游形象增添了迷人的魅力。文案中运用了隐喻、拟人等修辞手法，将艺术和历史赋予生命和情感，让读者仿佛能够亲身感受到意大利的浪漫与艺术氛围。

此外，AIGC技术还能够实现文生音频。通过AIGC生成音频内容，可以为国家形象的传播带来更加丰富的表现形式。比如，生成具有特定国家风格的音乐或语音解说，配合相关的文本、图像和视频内容，进一步增强传播的吸引力和感染力，让受众更加身临其境地感受国家的特色和魅力。从多媒体传播的理论角度来看，音频元素的加入能够与文本、图像和视频形成互补，通过声音的节奏、音色和语调等特征，营造出更加丰富和沉浸式的传播体验。

二、影像创作

1.图像生成技术

图像生成技术经历了显著的发展历程，从最初的简单图形绘制发展到如今能够生成逼真的照片级图像。这一发展过程不仅是技术进步的体现，更是对人类视觉认知和艺术表达的深入探索。快速革新的AIGC技术正在从创作工具、创作流程、艺术语言、艺术形态、艺术风格等多个层面重构着图像的生产方式。[①]从实践层面来看，图像生成技术在内容生产方面发挥了重要作用，通过自动化和算法优化显著提升了内容生产效率，不仅有助于满足受众对高质量、高效率媒体内容的需求，还有助于推动融媒体系统的创新和发展。[②]

2022年，OpenAI推出基于大语言模型预训练的新型生成式人工智能ChatGPT具备开放域的多轮对话功能，打破了自然语言处理技术无法突破的单轮对话瓶颈，标志着人工智能技术的巨大进步。建立在基座大模型上的Midjourney、Stable Diffusion等垂类应用开始在图像领域得到拓展。Midjourney是一种基于人工智能技术的艺术创作工具，具备多种智能化特性，可以自动识别、分析和处理绘图需求，同时具备能够高质量生成创意图形和色彩的能力。[③] 2023年6月，Midjourney发布新功能Zoom-Out，能够“通过对原图像尺寸扩充，配合AI图像修补技术，进行成像连续生成”，使其从单纯的文生图像大模型发展为具有“一镜到底”短视频生成功能的大模型应用；在此功能基础上，Midjourney又于2024年发布“角色参照”新功能，“不过这次不是保持风格一致，而且保持生成图像的角色与给定的参照角色一致”[④]。Midjourney功能不断升级，使“每一帧图像都是视频中的一个瞬态切片，而视频则是通过这些帧相互衔接、前后延伸构建而成”[⑤]，实

① 高永杰，吕欣.生成式AI技术进化与图像艺术生产范式革新［J］.现代传播（中国传媒大学学报），2023，45（9）：159-168.

② 陈文晔.智能图像生成技术在融媒体系统中的应用［J］.电视技术，2024，48（9）：76-78.

③ 靳紫微.探究人工智能技术对当代图形设计的影响：以Midjourney绘图软件为例［J］.大众文艺，2023（16）：32-34.

④ Midjourney能让角色保持一致了！网友连夜实测：改变游戏规则［EB/OL］.（2024-03-12）［2024-08-13］.https://bAIjiahao.bAIdu.com/s?id=1793298184450210828&wfr=spider&for=pc.

⑤ 吴冠军.从Midjourney到Sora：生成式AI与美学革命［J］.阅江学刊，2024，16（3）：85-92，174.

现了从图像生成到视频制作的多场景内容升维。利用这些技术，AIGC仿佛拥有了神奇的画笔，能够根据给定的描述或概念生成具有鲜明国家特色的绝美风景图像。目前新兴的AIGC技术，尤其是Midjourney和Sora等图像生成技术为人们在审美领域进行颠覆性创新提供了可能性。①

比如，当需要展示中国的壮丽山河时，AIGC可以根据“雄伟的长城蜿蜒于山峦之间，云雾缭绕，宛如仙境”这样的描述，生成一幅令人赞叹的长城风景图。从视觉传播的角度来看，这样的图像能够瞬间抓住观众的注意力，传递出中国山河的雄伟和神秘之美。图像中的色彩、构图和细节都能够激发观众的情感共鸣，增强对中国自然风光的向往和赞美。

再如，当要呈现印度的古老寺庙时，AIGC能够依据“古老的寺庙矗立在金色的夕阳下，精美的雕刻诉说着千年的故事”这一概念，生成一幅充满异域风情的寺庙图像。这种图像不仅展现了寺庙的建筑之美，还能够通过光影和色彩的运用，传达出印度宗教文化的庄严和神秘，让观众对印度的文化遗产产生浓厚的兴趣和敬意。

2.视频创作中的智能应用

在国家形象传播的视频创作领域，AIGC具有强大的应用前景。通过AIGC技术进行视频创作并非复杂之事，通过生成算法基于文字来创建一个新的图片，用一张图片来预测之后的一系列画面，然后让它们按时间先后组合起来、动起来，从而变成一个实际的电影。②美国杜克大学的计算机科学家Yitong Li等人提出了一种结合变分自编码器（VAE）与生成对抗网络的算法，可为一小段文本生成相应短视频。 2022年9月Meta AI公司

① 吴冠军. 从Midjourney 到Sora：生成式AI 与美学革命［J］. 阅江学刊，2024，16（3）：85-92，174.

② 刘倩. 人工智能技术在影视传媒领域的应用［J］. 现代视听，2018（11）：25-29.

首次推出的人工智能系统Make-A-Video成功实现了文本到视频、图片到视频以及视频到视频等生成功能。2023年2月，Runway官方发布了基于扩散模型的视频合成新模型Gen-1，其目标是在编辑视频内容的同时，按照一定比例保留其原有结构①，可用于改变视频的现有视觉风格。2023年11月，Stable Diffusion发布了生成式视频模型Stable Video Diffusion（SVD），该模型具有3D合成功能。2024年2月，Pika发布了最新的“唇形同步”功能，②该功能实现了视频内容中生成人物在对话过程中唇形的活动，增强了生成人物对话真实感，为AI视频制作带来一些新的想象力。2024年2月，OpenAI公司发布了由Sora生成的多个高清视频，通过多步骤去除噪点生成视频帧技术，逐渐生成视频，③实现视频空间最大限度还原现实物理空间，Sora还可以自然融合两种不相关的场景素材，在模型空间完成蒙太奇式的创作，展示此类文生视频技术在视频创作领域的巨大潜力。

AIGC的应用带来了巨大变革，改写了视频创作的规则。从ChatGPT到Sora，文本生成视频模型的发展经历了三个阶段：图像拼接生成阶段、GAN/VAE/Flow-based生成阶段以及自回归和扩散模型阶段。AI大模型已经覆盖多模态内容生成领域，这为大模型进入影像制作生产提供了技术支持，这一变革不仅仅是技术层面的创新，更是对叙事方式、情感表达和观众体验的重新定义。它不仅能够生成精彩的视频片段，还能通过智能化的

① AIGC新模型报道，Stable Diffusion背后的RunwayML推出Gen-1［EB/OL］.（2023-02-23）［2024-08-13］. https://www.163.com/dy/article/HU8F49PT0511CQLG.html.

② 数字生命卡兹克. PIKA 正式上线唇形同步-给AI视频注入新的“想象”［EB/OL］.（2024-02-28）［2024-11-16］. https://news.qq.com/rain/a/20240228A03VYG00.

③ Bring your imagination to life with text, image, or video［EB/OL］.［2024-08-13］. https://openAI.com/sora.

后期处理技术，如流畅地进行剪辑、添加绚丽的特效和适宜的配乐等，为视频创作赋予全新的生命和魅力。从叙事学和影视理论的角度来看，视频的剪辑、特效和配乐等元素共同构成了一个完整的叙事体系，能够引导观众的情感和注意力，增强故事的表现力和感染力。例如，在展示巴西的狂欢节这一盛大国家庆典时，AIGC可以从海量现场拍摄镜头中挑选出最精彩、最具代表性的瞬间，自动将这些片段剪辑成一个节奏明快、激情四溢的宣传视频，并配上富有动感的桑巴音乐和绚烂多彩的特效。这种视频创作方式能够将巴西狂欢节的热烈氛围和独特魅力展现得淋漓尽致，大大提升国家形象的传播效果。观众在观看视频的过程中，能够被强烈的视觉和听觉冲击所吸引，感受到巴西人民的热情奔放和文化的多元融合，进而对巴西的国家形象形成深刻的积极认知。

又如，当宣传法国的美食文化时，AIGC可以整合来自餐厅厨房、街头小吃摊以及美食节的丰富素材，生成一个从食材采购到烹饪过程再到食客享受美食的全过程视频，通过精心剪辑和配乐，完美呈现法国美食的精致与浪漫。这样的视频能够让观众沉浸在美食的世界中，领略法国美食文化的独特韵味，同时也提升了法国作为美食之国的形象和声誉。

如今，数字技术发展推动中华文化传播迈入Web3.0时代，实现文化遗产数字化留存、文化资源语义化管理、文化产品资产化流动和文化的虚拟化呈现。[①]在此基础上，主流媒体进一步通过人工智能辅助文化内容生产，通过“5G+4K”的模式赋能媒体生产，提升用户参与感、体验感，增强中华文化与中国国家形象的感召力、影响力。[②]例如，ChatGPT、Sora等生成

① 祝蕊，刘炜，付雅明. Web3.0 环境下文化遗产价值重构研究［J］. 中国图书馆学报，2024，50（2）：42-55.

② 钟新，王雅墨. 以间距促进共通：增强中华文化感召力的新思路［J］. 青年记者，2024（11）：5-11.

式人工智能不仅可以处理现有文化资源实现交互智能的文化再创作，同时实现跨文化叙事的技术重构，[①]打造现实与虚拟间交互式和沉浸式体验，融入声音、文字、影像等全感官要素进行场景化叙事演绎，借助虚拟现实技术和增强现实技术提供交互功能，还原社会发展变迁与形象建构。[②]数字技术的参与重塑大众的审美要求，新媒体资源逐渐向视觉化转型，移动终端的使用弱化了宏大叙事的呈现方式，对于传播内容的吸引力、影响力逐步提升。[③]

综上可见，在当今数字化和智能化的时代背景下，AIGC在内容创作领域，特别是国家形象传播的内容创作方面，展现出了令人瞩目的创新能力和巨大潜力。在文本生成方面，自然语言处理技术深度赋能AIGC使其具备精湛的语言驾驭能力，实现信息的高效传递和情感的有力共鸣，进而助力国家形象的塑造。AIGC依托数据驱动的创新创作模式，从海量的数据中提炼出有价值的信息和动人的故事，为国家形象的多元化传播提供丰富的素材和新颖视角。而创意性文本生成的探索则为国家形象的传播增添了艺术和情感的色彩，吸引受众的注意力并引发他们的共鸣。在图像与视频创作领域，AIGC的图像生成技术能够根据描述生成逼真且具有特色的图像，展现国家的美丽风景和文化遗产。在视频创作中，AIGC不仅能生成精彩片段，还能进行智能后期处理，提升视频的质量和吸引力。随着虚拟现实和增强现实技术的兴起，AIGC与其紧密结合，为国家形象传播创造了更加引人入胜、身临其境的沉浸式体验内容，让他们更加深入地感受

① 令小雄，王鼎民，唐铭悦. ChatGPT 到Sora：Sora 文生视频大模型对影视创作的机遇、风险及矫治［J］. 新疆师范大学学报（哲学社会科学版），2019，45（6）：1-9.

② 韦曦. 智能传播时代非物质文化遗产场景传播研究［J］. 传媒观察，2021（12）：62-68.

③ 李萌，王育济. 中华优秀传统文化传播的数字机制与趋势［J］. 人民论坛，2023（2）：104-106.

国家的文化魅力。

然而，也要清醒地认识到，AIGC的发展仍面临一些挑战和问题。例如，在文本生成中，如何确保语言的准确性和文化适应性，避免误解和偏差。在图像与视频创作中，如何保证版权的合法性和内容的原创性。此外，虽然AIGC能够生成优秀的作品，但人类的创造力、判断力和情感洞察力仍然是不可替代的。我们需要在充分利用AIGC技术优势的同时，注重人类与技术的协同合作，以实现更优质、更有深度的国家形象传播内容创作。

第二节　个性化与定制化的实现

算法规制国家形象内容生产，可具体分为四个部分：全球性传播内容、区域性传播内容、特定群体传播内容、个体性传播内容。在国家形象传播的广阔天地中，个性化与定制化正逐渐成为引领时代潮流的核心策略。生成式人工智能通过可交互信息和数据，处理开放性文本，且可以基于其独特的人类反馈训练过程，通过训练数据中的不同样本以生成不同的新闻表达，并根据不同的语境和任务为用户输出适应其需求的个性化内容。[①] AIGC通过优化数据学习范式和网络结构，可以实现更智能、灵活且真实的内容生产，也能够针对不同场景，运用不同技术以回应受众的不同需求，故而具备相较前深度学习阶段人工智能技术的更佳的可控性、可调适性。[②] 如何借助AIGC技术精准把握并满足受众的独特需求，为其量身打造专属内容，已成为提升传播效能、增强国家形象影响力的关键途径。

---

① 何天平. 从文本构造到界面连接：生成式人工智能对数字新闻叙事的重塑[J]. 新闻界，2023（6）：13-21，61.

② 李白杨，白云，詹希旎，等. 人工智能生成内容（AIGC）的技术特征与形态演进[J]. 图书情报知识，2023，40（1）：66-74.

一、受众需求

在信息分发层面，与传统信息分发方式的专业化、中心化不同，AIGC 技术参与的信息分发由机器和算法完成，是基于算法的自动化推荐系统，基于总体热度（Global Popularity）为用户推荐在总体层面最受欢迎的内容，并基于个体偏好（User reference）和协同过滤（Collective Filtering）推荐具有个性化的内容，产生“千人千面”的分发效果。[①]在内容生产层面，算法改变了传统“以传者为中心”的传播模式，转而以用户需求为中心，为受众量身定制他们所喜爱的内容，从而实现信息生产的个性化与精准化。其中，内容生产的个性化和精准化涵盖层次精准化与定位精准化两个方面。在层次精准化方面，算法助力实现国家形象传播的多层次性，能够满足整体性内容需求与个体性内容需求。整体性需求主要体现为以主流意识形态为主导，展现国家对人类命运的关切，并且符合国家发展利益的内容。而个体性需求则是选取现代社会发展或者传统文化的视角，与传播对象的兴趣爱好相契合，体现深层次价值关怀，进而塑造出充满生命活力的国家形象。在定位精准化方面，国家形象传播的定位精准化是指将个体需求与群体偏好相结合，运用算法针对不同传播对象进行定性生产传播内容。既可以依据受众信息库，勾勒出某类群体的信息偏好；也可以通过用户画像描绘个体的兴趣和需求，为其生产符合喜好的信息内容，以满足个体需求。

1. 受众画像

在当今信息爆炸的时代，受众画像的构建犹如在茫茫人海中为每一位潜在的受众绘制一幅独一无二的肖像，是实现精准传播的基石。受众画像

① 周葆华，骆陶陶. 人工智能重塑新闻业：进展，问题与价值［J］. 南京政治学院学报，2018（6）：83-89.

技术是一种常见的数据挖掘技术，它对受众的原始数据进行二次计算后重构形成新的结论，通过对受众的生活场景、使用场景、情感态度等进行分析，利用数据精准推断出受众的需求与特征，其目的在于将受众需求与内容生产充分联结，进而将数据转化为传播效果与商业价值。①从传播学和市场营销学的理论视角来看，受众不再是一个模糊的整体，而是由众多具有不同特征和需求的个体组成的细分群体。年龄、性别、地域、职业等基础信息为我们勾勒出受众的基本轮廓，但这仅仅是个开始。通过对受众在信息海洋中的兴趣偏好、浏览行为、社交互动等数据的深度挖掘，我们能够进一步填充这幅肖像的细节，使其更加生动和立体。

随着人工智能技术的引入，以“用户需求”为导向的数据驱动创作形式实现了内容生产者与内容需求者的双向互动。②以中国向全球传播其璀璨文化为例，针对钟情于中国文化的海外年轻群体活跃于社交媒体平台，热衷于分享交流，ChatGPT等AIGC技术在此发挥了关键作用。AIGC技术基于强大的自然语言处理和机器学习能力，能够快速处理和分析海量的非结构化数据。通过对这些年轻群体在社交媒体上的言论、互动、关注等行为的分析，ChatGPT能够精准地捕捉到他们的兴趣点、话题偏好以及交流方式。这种精准的分析为后续的内容定制提供了坚实的依据。比如，生成针对这一群体的个性化文化介绍文案，就需要充分考虑到他们喜欢的语言风格、表达方式和文化元素。短视频形式的中国传统美食制作过程能够吸引他们，是因为这种形式符合他们在快节奏数字化环境中的信息消费习惯。线上互动游戏体验中国传统节日习俗能够让他们乐在其中，是因为这种参与式的互动方式满足了他们渴望参与和分享的社交需求。

---

① 牛温佳，刘吉强，石川，等. 用户网络行为画像：大数据中的用户网络行为画像分析与内容推荐应用［M］. 北京：电子工业出版社，2016.

② 梁志文，李忠诚. 论算法创作［J］. 华东政法大学学报，2019，22（6）：46-59.

对于潜心研究中国经济的专业人士，他们获取信息的主要场所是专业的财经网站和学术论坛。这表明他们对信息的深度、准确性和权威性有较高的要求。AIGC 可以辅助对这些复杂数据的挖掘和理解，生成符合专业人士需求的高质量内容。例如，借助 ChatGPT 为他们撰写深度的经济分析报告，需要运用专业的术语、严谨的逻辑和深入的数据分析，以满足他们对专业知识的渴望和追求。

又如，韩国在推广其流行文化时，针对年轻的追星族和对影视产业感兴趣的观众，AIGC 能够通过对他们在不同平台上的行为数据进行分析，准确地了解他们的需求和偏好。对于追星族，他们对明星动态和相关创意内容的需求较高，Stable Diffusion 这样的图像生成模型能够根据他们的需求生成吸引人的虚拟形象和创意图片，满足他们的追星欲望。而对于对影视产业感兴趣的观众，他们更关注影视作品的评价、幕后故事和行业动态，AIGC 可以根据这些分析生成相关的内容推荐和报道，为他们提供有价值的信息。

2. 情感倾向与偏好洞察

深入洞察受众对国家形象相关内容的情感倾向和偏好，是实现有效传播的关键密码。情感向来是构成新闻叙事的重要理念，是在摒除煽动性等非理性因素后，结合表面无连接的社会事件，从而产生相关仪式作用、并帮助受众形成价值判断的重要新闻叙事机制。态度反映认知，认知决定行动，探究社会传播中用户的情感意见，对于预测舆情趋势有着重要价值。① 情感倾向作为一种抽象的叙事资源，在 AIGC 改造智能媒体叙事结构过程中发挥整体性的塑造作用。②

① 吴小坤，赵甜芳. 自然语言处理技术在社会传播学中的应用研究和前景展望［J］. 计算机科学，2020，47（6）：184-193.

② 何天平. 从文本构造到界面连接：生成式人工智能对数字新闻叙事的重塑［J］. 新闻界，2023（6）：13-21，61.

从心理学和社会学的角度来看，受众的情感和偏好并非随机产生，而是受到个人经历、社会环境、文化背景等多种因素的综合影响。因此，对受众在各类平台上的评论、点赞、分享等行为进行细致入微的解析，能够帮助揭示他们内心深处的情感态度和价值取向。比如，在传播中国科技创新成果时，部分受众对高铁技术突破表现出强烈的自豪感和期待，这反映了他们对国家发展的认同和对未来的信心。AIGC能够通过自然语言处理技术对这些大量的文本进行情感分析，从而更准确地理解受众的情感倾向。

TextBlob①等情感分析工具基于机器学习和词汇语义学的原理，能够对文本中的情感极性（如积极、消极、中性）进行评估。通过运用这些工具，我们可以快速了解受众对特定内容的情感态度，从而为传播策略的调整提供依据。对于那些对传统文化传承表现出关注和担忧的受众，我们可以基于这些洞察，运用AIGC创作强调传统文化保护重要性及成果的精彩篇章，以回应他们的关切，增强他们对传统文化传承的信心。

再如，美国在推广其环保政策时，通过分析受众反馈，AIGC能够迅速处理和分类大量的反馈信息。一部分人对可再生能源发展满怀信心和支持，这可能反映了他们对环保事业的积极态度和对未来可持续发展的期望。而另一部分人对政策实施细节心存疑虑和担忧，这可能源于对政策的不了解或对潜在影响的担忧。了解这些后，传播内容可以一方面利用AIGC展示可再生能源项目的成功案例，增强支持者的信心；另一方面运用AIGC详细阐释政策的实施步骤和保障措施，消除担忧者的顾虑。例如，使用ChatGPT生成通俗易懂的政策解释说明，能够以清晰、简洁的语言传达政策的核心要点和目标，使用DALL·E 2生成与可再生能源相关的吸引人的图片，能够通过视觉冲击增强传播效果。

---

① TextBlob是一个基于Phthon的开源自然语言处理库，它提供了简单的API用于常见的NLP任务，如词性标注、情感分析、名词短语提取等。

3. 实时需求监测与响应

在信息飞速传播的时代，受众的需求变化犹如风云变幻，难以捉摸。借助先进的大数据分析和实时监测工具，则能够及时捕获热点话题和新兴需求的微妙变迁。这一过程中，AIGC 技术发挥着至关重要的作用。

从信息传播学的理论来看，信息的传播是一个动态的过程，受众的需求会随着时间、事件和社会环境的变化而不断变化。在国际重大公共卫生事件突发时，受众对国家的应对举措和医疗科研进展的关注度瞬间攀升，这是因为他们渴望获取准确、权威的信息来消除不确定性和恐慌。AIGC 技术能够快速分析和处理海量的相关数据，帮助了解受众的关注点和需求。利用 ChatGPT 迅速调整传播策略，生成权威的疫情防控解读、科研成果通报和国际合作声明，可以满足受众对准确、及时信息的急切渴望。

例如，在奥运会期间，受众对本国运动员的表现和国家的体育发展战略关注度显著提高。这是因为体育赛事激发了受众的爱国情感和对体育精神的追求。传播者借助 AIGC 实时推送运动员的精彩瞬间、训练背后的感人故事，以及国家在体育领域的长远规划和投入，积极回应受众的热切期盼。AIGC 能够快速生成相关的报道和内容，比如利用自动写作工具快速生成运动员的比赛报道和人物特写，满足受众对即时、精彩内容的需求以及爱国情感上的升华。

二、定制策略

智能化时代的内容生产在某些方面是用户驱动的内容生产，这建立在对用户需求和反馈的精准把握上。[①] 在 AIGC 技术的协助下，个体用户的

---

① 彭兰. 变革与挑战：智能化技术对传媒业的影响［J］. 信息安全研究，2019（11）：966.

特征得以凸显，从而使新闻机构能够根据其特征进行定制化的阅读产品生产。[①]依据受众画像和需求分析的精确成果，为不同的受众群体定制专属的传播内容，是提升传播效果的有力法宝。AIGC技术在这一过程中发挥着关键作用，它能够根据不同受众的特点和需求，生成个性化、精准化的内容。

1.群体分类定制

针对不同人群，需要定制不同的国家形象传播内容。对于青少年群体，他们处于认知发展的关键阶段，对世界充满好奇，喜欢有趣、互动性强的内容。利用AIGC技术为他们创作以动画形式展现的中国古代历史故事，能够将复杂的历史知识转化为生动有趣的画面和情节，吸引他们的注意力。设计引人入胜的线上文化知识竞赛，能够激发他们的竞争意识和学习兴趣。Midjourney这样的图像生成模型可以为故事和竞赛生成精美的配图，增强视觉吸引力，进一步提升他们对内容的喜爱和参与度。

对于商务人士，他们关注的是国家的经济政策、投资环境和商业机会。运用AIGC生成关于国家经济政策和投资环境的深度分析报告，能够为他们提供决策所需的信息和见解。例如，详细解读中国新出台的自贸区政策对国内外企业的影响，或者分析印度新兴产业的投资潜力和风险评估，需要运用大量的数据、专业的知识和深入的分析，AIGC能够快速处理和分析这些复杂的信息，生成具有权威性和实用性的报告。

为旅游爱好者推荐个性化的旅游路线和特色景点介绍也是一种有效的定制方式。旅游是一种体验性活动，不同的游客有不同的兴趣和偏好。借助AIGC为喜欢自然风光的游客规划新西兰的绝美徒步路线和隐藏的自然

① 黄雅兰. 从大众媒体到个性化媒体：人工智能技术对新闻生产的影响［J］. 中国出版，2017（24）：9-12.

奇观，为热衷历史文化的游客设计意大利的古城探索之旅，并深入介绍鲜为人知的古老建筑和背后的传奇故事，能够满足他们对独特旅游体验的期待。使用ChatGPT生成详细的旅行攻略和景点解说，能够为游客提供全面、准确的信息，提升他们的旅行体验。

2. 互动式定制

互动平台为受众参与国家形象传播内容的定制开启了一扇创意的窗口。从传播互动理论的角度来看，受众不再是被动的接收者，而是主动的参与者和创造者。通过让受众自主选择感兴趣的主题、形式和风格，借助AIGC生成个性化的传播内容，能够极大地增强他们的参与感和认同感。

比如，开发一个中华古诗词海外交流学习的在线互动游戏，让受众可以选择自己钟爱的颜色、音乐和画面元素，AIGC据此定制专属游戏交互场景及学习内容。这种互动体验让受众能够将自己的个性和喜好融入传播内容中，使他们成为内容的创造者之一。此外，AIGC能够快速根据受众的选择生成相应的短视频内容，满足他们对个性化表达的需求。如为推广日本的动漫文化，创建一个互动平台，让用户选择自己喜爱的动漫角色、场景和剧情，AIGC随即生成专属的动漫片段。用户可以通过这种方式参与动漫文化的创作和传播中，体验到独特的乐趣和成就感。

3. 地域与文化定制

考虑到不同地域和文化背景的受众特性，定制具有针对性的传播内容仿若架起一座沟通的桥梁，能够有效削减文化隔阂，提升传播的亲和力和有效性。从跨文化传播的理论视角来看，不同地域和文化的受众在价值观、审美观念、信息接受习惯等方面存在差异。

在国家形象传播的进程中，个性化与定制化策略已成为不可或缺的重要手段。通过对受众需求的精准分析，包括受众画像的构建、情感倾向与偏好的洞察以及实时需求的监测与响应，能够更加深入地了解受众的内心世界和信息需求，从而为定制化策略的实施提供坚实的基础。在定制化策略方面，内容定制的方法多种多样，从为青少年创作趣味互动的文化内容，到为商务人士提供深度的经济分析报告，再到为旅游爱好者规划个性化的旅行路线，AIGC技术都发挥了关键作用，能够根据不同受众群体的特点生成精准且吸引人的内容。互动式定制体验则让受众从被动的接收者转变为主动的参与者，极大地增强了他们的参与感和认同感，进一步提升了传播效果。地域与文化定制策略充分考虑了不同地区和文化背景受众的差异，通过针对性的内容创作，削减了文化隔阂，提高了传播的亲和力和有效性。然而也要清醒地认识到，在实施个性化与定制化策略的过程中，仍然面临一些挑战和问题。例如，如何确保收集到的受众数据的准确性和合法性，保护受众的隐私；如何避免因过度定制导致的信息碎片化和传播范围的局限；以及如何在利用AIGC技术的同时，保持人类的创造力和判断力在内容创作中的主导地位。

综上多是基于AIGC展开的技术畅想，随着技术的不断进步和社会的发展，应持续优化个性化与定制化策略，不断探索创新的传播方式和内容形式。充分发挥AIGC技术的优势，结合人类的智慧和创意，为国家形象传播打造更加精准、有效、深入人心的传播方案，让国家形象在全球范围内得到更广泛、更积极的认可和传播。

第三节　内容质量与可信度保障

在国家形象传播的进程中，内容质量与可信度宛如基石，奠定了传播效果的坚实基础。随着AIGC技术的广泛应用，如何保障所生成内容的质量和可信度成为至关重要的课题。在国家形象跨文化传播中，不同文化之间的差异会造成信息误读，引发信任危机。算法以技术中立价值提高国家形象传播的客观性和准确性。[①]

一、虚假信息防范

AIGC技术在国家形象传播内容领域应用不断深入，在承认智能分发机制满足用户兴趣和个性化需求、优化内容创作质量、降低信息过载的同时，用户导向下的信息推荐机制仍存在一系列风险，[②]如虚假信息、信息低俗化、信息窄化、意见极化等一系列严峻的挑战也逐渐浮出水面。AIGC的大规模自动生成特征会导致出现更为普遍的有组织信息操纵，即利用更加智能化的社交机器人、网络水军等进行舆论操纵。AI研究者Yannic Kilcher曾用4chan论坛/pol/板块的1.3亿条帖子训练了语言模型GPT-4chan。该模型在测试阶段被部署到4chan后，因生成包含歧视性内容而引发争议。研究者普遍认为此类缺乏有效伦理审查的实验违背了负责任AI的研究原则。在突发事件以及政治选举等活动当中，倘若有人恶意运用AIGC大量合成并投放虚假信息，那么很有可能导致舆论场陷入混乱与失序状态，严重影响国家的稳定以及国家形象。因此，从数据来源的审核到模型算法的优化，再到人工审核与干预，每一个环节都存在着影响国家形象传播内容质量与可信度的关键问题。

1. 数据来源的审核

在信息传播的理论框架中，数据被视为信息的基石，其质量和可靠性直接决定了信息的价值和可信度。对于国家形象传播而言，数据的精准性与可靠性举足轻重。当AIGC模型用于生成国家形象相关内容时，对数据

① 范建刚，崔维维. 人工智能视域下国家形象传播的算法嵌入与优化［J］. 学术界，2021（8）：99-107.

② 陈昌凤，石泽. 技术与价值的理性交往：人工智能时代信息传播：算法推荐中工具理性与价值理性的思考［J］. 新闻战线，2017（9）：71-74.

来源的严苛审核是确保内容质量的首要关卡。从统计学和信息科学的角度来看，数据的采集和处理过程中存在着各种误差和偏差的可能性。在传播国家的经济发展成就之际，若要展现年度财政收支状况，务必确保数据源自官方权威的财政部门所发布的报告，抑或经过专业审计且极具公信力的第三方机构所提供的数据。这是因为这些来源的数据通常经过了严格的统计方法和质量控制，能够最大限度地减少误差和偏差。

至于农业产出等方面的数据采集，需确认采样范围妥帖、样本具备代表性，且统计方式科学合理，从而精准反映国家的真实情况，规避数据偏差给国家形象造成的误导。如果媒体在报道某国的贸易数据时，采用未经严谨核实且缺乏权威性与科学性的数据来源，最终生成的内容大幅偏离实际，势必会引发国内外经济领域的质疑与批评，给该国经济形象招致极大的负面冲击。

为从根源处杜绝虚假信息对国家形象的损害，针对国家经济数据这类关键内容，可以实行构建数据来源白名单，仅允许从通过认证的权威机构获取数据。这一措施类似于建立了一个数据的"信任圈"，确保所使用的数据具有高度的可靠性和合法性。对数据采集流程予以详尽记录与审查，确保其科学性与合规性，这不仅遵循了信息管理中的可追溯性原则，使得数据的产生过程透明可查，而且增加了数据的可信度。定时对数据来源展开重新评估与验证，以保障其持续的权威性与可靠性等防范举措。

当下，诸如百度的"文心一言"等AIGC工具，在牵涉国家形象传播的训练数据拣选上，尤为注重数据来源的权威性。譬如，对于中国经济发展的相关内容生成，文心一言会优先采纳国家统计局、中国政府发布的权威报告和数据，以保障生成内容精确、可靠地彰显中国经济形象。AIGC生成内容虽高效快捷，但在国家形象传播中亦存在弊端，例如生成的内容或许缺乏深度与独特见地，且在复杂模糊情境中易产生理解偏差，致使生成的内容不够精准恰当，影响国家形象的准确传递。

2.模型算法的优化

国家形象传播的目标是在国内外受众中塑造积极、正面的认知，而算法的工具理性可重构国家形象的数字传播过程，使传播过程更符合预设的传播目标。自然语言处理能够辅助治理互联网中的传播乱象，避免谣言、攻击性话语的泛滥，促进正向传播。[①]持续改进并优化AIGC模型的算法，是提升其在国家形象传播中生成内容的真实性与可信度的关键之举。从机器学习和自然语言处理的理论层面分析，模型算法决定了AIGC对输入数据的理解、处理和生成能力。

借由引入监督机制，针对模型生成的国家形象相关内容实施实时监测与评估，能够及时察知并矫正潜在的虚假与误导性信息。例如，金融资讯平台在运用AIGC生成有关国家股市发展的分析报告时，构建了实时的内容监测系统。当模型生成关于某国股票市场的行情预测时，系统会即刻将其与权威的市场数据、行业分析师的观点进行比对。这种实时比对和矫正的过程，类似于信息论中的纠错编码，通过不断地反馈和调整，使其生成的内容更真实和准确。

同时，采用对抗训练法，使模型在与对抗网络的竞争中持续学习与改进，能够显著增强其对复杂语境和潜在误导信息的识别能力。以某社交媒体平台为例，其利用对抗训练法来优化AIGC生成的关于国家政治讨论的内容。通过不断让模型与生成对抗网络进行交互和竞争，模型逐步学会识别和规避那些可能引发争议或误导公众的表述。这一过程可以类比为人类在社会交往中通过不断交流和辩论来提高自己的表达和理解能力，从而提升了内容的质量与可信度，有益于塑造国家积极、稳定的政治形象。

① 吴小坤，赵甜芳. 自然语言处理技术在社会传播学中的应用研究和前景展望［J］. 计算机科学，2020（6）：184-193.

为进一步优化模型算法，可采取如下措施：一是增添更多的训练数据，尤其是源自不同领域和视角的权威数据，以丰富模型的知识储备。这就如同为一个学习者提供更广泛的阅读材料，使其能够从多个角度理解和处理问题。二是定期对模型进行压力测试，模拟各类复杂和极端的状况，检验其生成内容的准确性与可靠性。这类似于对一个系统进行极限测试，以发现其在极端情况下的性能和可能存在的问题。三是引入外部专家对模型的算法进行评估和提议，持续改进和完善。例如，字节跳动的云雀模型在优化算法方面可以通过持续的训练和改进，提升对各种涉及国家形象传播的语境的理解能力，从而降低生成虚假或误导性内容的可能性，为国家形象的准确传播提供有力支撑。

3. 人工审核与干预

即便AIGC技术在内容生成方面展现出高效姿态，但在国家形象传播中，人工审核的环节依旧不可或缺。从传播学和符号学的角度来看，语言和符号的意义往往是多义的和模糊的，需要人类的智慧和经验来进行解读和判断。

专业的编辑和审核人员凭借其丰富的经验与专业学识，能够对AIGC生成的国家形象相关内容进行细致的查验和修正。他们能够敏锐捕捉那些不易被机器察觉的语义偏差、逻辑漏洞或潜在的虚假信息，并及时进行干预和调整。例如，某新闻网站借助AIGC生成了一篇关于国家重大科研项目进展的报道，虽然机器生成的内容表面上逻辑顺畅，但经专业编辑的审核，发现其中对于某些关键技术的描述存在失准之处，且部分表述可能引发误解。编辑通过进一步的核实和修正，确保了报道准确无误，维护了国家科研形象的权威性和可信度。

为强化人工审核与干预的成效，可采取以下具体措施：一是对审核人员开展定期培训，提升其对国家形象相关内容的敏感度和专业素养。这类似于对专业人员进行持续的教育和进修，使其能够跟上时代的发展和知识的更新。二是构建多层审核机制，确保审核的全面性与准确性。这就像是建立了多重防线，对内容进行多角度的审查和把关。三是制定详尽的审核标准和流程，规范审核工作。这为审核人员提供了明确的操作指南和判断依据，确保审核的一致性和公正性。

二、审核评估机制

1. 多维度评估指标

建立一套全面、科学的多维度评估指标体系，对于准确评估AIGC生成的国家形象传播内容至关重要。国家形象传播是一个复杂的、多层面的过程，需要综合考虑多个因素的影响。这些指标不仅涵盖内容的准确性、客观性和公正性，还应充分考虑其与国家形象定位的一致性、对受众需求的满足程度以及在国际舆论环境中的适应性等方面。例如，评估一篇关于国家外交政策的解读文章，不仅要严格考查其对政策内容的准确阐述，包括具体的条款、目标和实施步骤等，还要深入分析其在国际社会中的可能反响。比如，文章中对政策的解读是否能够被其他国家的政府和民众理解和接受，是否可能引发国际合作的新机遇或潜在的冲突风险，以及对国家形象的整体影响是正面提升还是可能带来负面效应。这需要综合运用国际关系理论和传播效果评估的方法，对内容的潜在影响进行全面的分析和预测。谷歌Gemini Pro模型在生成与国家形象相关的内容时，原则上也会依据多维度的评估指标进行自我评估和优化，以确保输出内容的高质量和可信度。

2. 定期审核与更新

国家形象是一个动态发展的概念，与之相关的传播内容也需要与时俱进，不断更新和优化。从社会变迁和信息传播的动态性角度来看，国家的政治、经济、文化等各方面都在不断变化和发展，受众的需求和国际舆论环境也在不断演变。定期对已发布的传播内容进行审核至关重要。例如，一个国家的旅游宣传网站，需要根据国家旅游资源的开发和变化、游客需求的转变以及市场竞争的态势，定期对发布的旅游信息进行审核。假设某个著名景点由于自然灾害或修缮工程而暂时关闭，但网站上的信息没有及时更新，就可能导致游客的行程受阻和不满，影响国家的旅游形象。同时，要根据国家的最新发展动态、政策变化以及受众反馈，及时调整和更新内容。比如，在国家出台新的环保政策后，相关的宣传内容应迅速跟进，向国内外公众准确传达政策的目标、措施和意义。此外，随着技术的进步和社会环境的变化，评估指标和审核标准也应相应地进行修订和完善。例如，随着社交媒体影响力不断扩大，对于在社交媒体上传播的国家形象内容，需要制定更加符合社交媒体特点和传播规律的评估指标和审核标准，比如更加强调内容的互动性、分享性和即时性。微软的Azure认知服务（Azure Cognitive Services）中的语言生成服务会定期更新其训练数据和模型，以适应不断变化的内容需求和评估标准。

3.反馈与改进

建立有效的受众反馈机制，是持续改进传播内容质量的重要途径。从受众研究和互动传播的理论视角来看，受众不再是被动的信息接收者，而是积极的参与者和反馈提供者。

通过收集受众的意见、评价和建议，能够及时了解他们对传播内容的满意度和需求变化。比如，开展在线问卷调查，询问受众对于国家形象传播内容的喜好、认为需要改进的方面以及希望增加的内容类型。设立专门的反馈通道，方便受众随时发送他们的想法和建议。在社交媒体上开设互动话题，鼓励受众积极参与评价和反馈。例如，某文化推广部门在社交媒体上发布了一系列关于传统手工艺品的宣传内容，通过开设互动话题收集受众反馈，发现部分受众认为内容过于学术化，缺乏生动的故事和人物元素。根据这些反馈，部门对后续的内容进行了调整，增加了手工艺品背后的工匠故事和创作历程，使传播内容更加丰富和吸引人。根据这些反馈信息，对AIGC模型进行进一步的训练和优化，调整传播策略。

在国家形象传播这一重要领域，内容质量与可信度的保障是重中之重。通过对虚假信息防范措施的探讨，可以看出从数据来源的严格审核，到模型算法的不断优化，再到人工审核与干预的不可或缺，共同构成保障内容质量的防线。数据来源的审核是确保准确性和可靠性的基础，遵循科学的采集和处理方法，避免偏差和误导，建立权威的数据来源白名单等措施，为生成真实可信的内容提供了源头保障。模型算法的优化则借助监督机制、对抗训练等方法，不断提升模型的识别和生成能力。同时通过增加训练数据、进行压力测试和引入专家评估，使模型能够更好地应对复杂情境，减少虚假和误导信息的产生。人工审核与干预环节充分发挥了人类的专业智慧和经验，能够敏锐捕捉机器难以察觉的问题。通过定期培训审核人员、构建多层审核机制和制定详细标准，进一步提高审核的效果和质量。审核与评估机制的建立为内容质量提供了持续的监测和改进途径。

然而，在保障国家形象传播内容质量与可信度的道路上，仍然存在诸多挑战和问题需要不断探索和解决。例如，如何进一步提高数据审核的效率和准确性，如何平衡模型算法优化的成本与效果，如何更好地激励受众积极参与反馈等。需要持续加强研究和实践，不断完善技术和管理手段，充分发挥AIGC的优势，同时最大限度地降低潜在风险，为国家形象的准确、有力传播提供坚实的保障。

延伸阅读

1. 李希光，等. 妖魔化中国的背后［M］. 北京：中国社会科学出版社，1996.

2. 冯瑛. 迈向智能：AIGC时代的内容生产与传播变革［M］. 上海：上海交通大学出版社，2025.

3. 喻国明，杨雅，等. 生成式AI与新质内容生产力：从理论解读到实际应用［M］. 北京：人民邮电出版社，2024.

思考题

1. 在AIGC进行文本生成的创新方法中，如何确保生成的内容既能符合创新要求又能准确传达国家形象的核心内涵？请结合具体案例进行阐述。

2. 对于AIGC在国家形象传播内容中的个性化与定制化实现，探讨如何平衡满足不同受众需求与维护国家形象的统一性和稳定性？

3. 分析在AIGC保障国家形象传播内容的质量与可信度方面，当前面临的主要挑战有哪些，提出可能的解决思路。

第五章　AIGC 时代国家形象传播形式的创新

在AIGC时代，国家形象传播形式正经历着前所未有的变革。那么，形式创新的范畴究竟涵盖哪些方面？本章将深入探究AIGC赋能下沉浸式和互动形式的广泛应用、多模态传播融合的精妙方式，同时，客观研讨这些形式创新在显著提升传播效果方面所展露的巨大潜力，以及随之而来的风险和挑战。

学习目标

1. 了解AIGC时代国家形象传播的沉浸式与互动式应用。
2. 掌握多模态传播融合策略，明确AIGC在其中的作用。
3. 掌握AIGC在国家形象传播形式创新方面的效果潜力以及风险挑战。

第一节　沉浸式与互动形式应用

在AIGC的有力推动下，沉浸式与互动形式应用在国家形象传播中展现出巨大的潜力。其具有的独特魅力，能够让受众更加深入地参与到国家形象的传播过程中，增强他们对国家的认知和情感连接。这种深度参与和情感共鸣对于塑造积极、正面且富有吸引力的国家形象至关重要。

一、虚拟现实技术与增强现实技术

人工智能技术正在改变传播形态，以人机交互为核心的智能传播开始浮现，身体实践已经成为人机交互的表征。[①]在“智媒”时代，所谓“虚拟现实”，是指媒介技术成为虚拟与现实环境的连接点，进而重构传播环境，传播主体和受众都可以参与到虚拟现实的媒介环境中，借助于身体与环境的互动而实现认知延展。[②]随着增强现实技术、虚拟现实技术、人工智能、元宇宙等新兴技术融入传播进程，使得新闻传播呈现出“沉浸式”的全新特征，拉近了新闻事件与受众之间的距离，实现了新闻传播的“同在”效果，为国家形象塑造提供了新的契机。[③]

虚拟现实技术是指通过计算机模拟合成多维虚拟环境，以全感官的方式使人与之进行仿现实体验与交互的技术。[④]VR技术的应用是实现沉浸式新闻高仿真虚拟体验的关键。高质量的VR新闻内容制作涉及多种技术。为构建沉浸式新闻所需的高质量VR环境，一个完整的流程往往包括采集、建模、开发、渲染和优化等环节。AR技术则实现了虚拟数字信息与真实环境的融合，为沉浸式新闻提供了将新闻要素实时叠加到现实中的

---

① 殷乐，高慧敏. 具身互动：智能传播时代人机关系的一种经验性诠释［J］. 新闻与写作，2020（11）：28-36.

② SMART P R，ENGELBRECHT P C，BRAINES D，et al. The network-extended mind［J］. IGI Global，2010.

③ 吕一尘. 沉浸式新闻：计算机视觉下的临场真实与客观真实［J］. 新媒体研究，2021，7（23）：8-10.

④ BURDEA G，COIFFET P. Virtual reality technology［J］. Presence，2003，12（6）：663-664.

能力。[①]VR技术与AR技术同人工智能技术相互连接，突破了传统国家形象建构与传播的路径，提升了受众的参与感与互动感，进而在国家形象建构中产生了诸多沉浸式体验产品。[②]基于信息技术、虚拟现实、混合现实、人工智能等数字技术的发展，鉴于科技介质针对国家形象内容的沉浸式体验日渐得到现实应用，在国家形象建构中，通过对用户多感官的刺激和影响有效增加了沉浸感和满意度。[③]沉浸式传播作为“人工智能+”时代的主要传播形式，需要充分调动阅读者的多感官互动，以深度沉浸提升观看体验。[④]

1.逼真的历史文化场景重现

在信息传播的数字化浪潮中，国家形象的传播不再局限于传统的方式。虚拟现实技术的兴起为国家历史文化的展示提供了全新的可能性，而AIGC的融入更是如虎添翼。以中国推广其悠久历史文化为例，AIGC并非简单的技术工具，而是文化传承与创新的重要驱动力。通过对海量历史文献和考古资料的深度学习，AIGC能够提取其中的关键元素，如建筑风格、装饰特征、人物服饰等，并以数字化的形式进行重构和再现。这种基于数据和算法的生成过程，不仅能够保证场景的准确性和真实性，还能赋予其艺术化的表现，使其更具观赏性和吸引力。当游客戴上VR设备，他们所进入的不再是单纯的虚拟空间，而是一个由AIGC精心构建的、充满历史

---

① 周富强.融媒体视域下沉浸式新闻的技术呈现与应用［J］.电视技术，2023（12）：97-99.

② 彭兰.智能时代人的数字化生存：可分离的“虚拟实体”、“数字化元件”与不会消失的“具身性”［J］.新闻记者，2019（12）：4-12.

③ REHMAN S U，KHAN M S L，LI L，et al. Vibrotactile TV for immersive experience［J］. IEEE，2015.

④ ANDERSON P，PRICE J. An evaluation of the press and communication reforms of the prodi commission of 1999-2004［J］. European Journal of Communication，2008.

韵味和文化内涵的虚拟世界。在这个世界里，每一个细节都经过精心雕琢，从宫殿的梁柱结构到宫女的一颦一笑，都仿佛真实可触。这种高度逼真的体验能够打破时间和空间的限制，让游客身临其境地感受古代中国的辉煌与魅力。从传播理论的角度来看，这种沉浸式体验能够极大地激发受众的情感共鸣。受众不再是被动的接受者，而是主动的参与者和探索者。他们在与虚拟环境的互动中，能够更深刻地理解历史文化的内涵，从而形成对国家形象更强烈的认同感。

2. 国家重大活动的虚拟体验

在全球化的时代背景下，国家重大活动如奥运会已成为展示国家形象的重要舞台。AIGC和虚拟现实技术的结合，为这些活动的传播带来了全新的突破。AIGC能够实时分析比赛数据和视频资料，生成动态、逼真的虚拟场景和运动员形象。通过对运动员动作的捕捉和分析，AIGC可以模拟出极其逼真的比赛画面，让观众仿佛置身于赛场之中。从受众心理的角度来看，这种虚拟体验满足了人们对于亲临现场的渴望，尤其是对于那些无法亲身前往的观众。它打破了地理和时间的限制，让更多人能够参与到这一全球性的盛会中。同时，互动功能的加入，如选择视角和与其他虚拟观众交流，进一步增强了受众的参与感和归属感。这种参与感不仅加深了他们对奥运会的记忆，也提升了对主办国的好感和认同。

3. 旅游推广的个性化和智能化

在增强现实技术时代，认知的延展并非感知在空间之间的流转，而是消除空间之间的感知差异从而形成时空连接，重新定义了沉浸式传播中的人类感知系统。[①] 在旅游领域，增强现实技术正逐渐改变着游客的体验方式，AIGC的加入使其更加个性化和智能化。以著名旅游景点为例，AIGC

① 殷乐，高慧敏. 具身互动：智能传播时代人机关系的一种经验性诠释［J］. 新闻与写作，2020（11）：28-36.

能够根据游客的实时位置、时间、天气等多维度信息，生成定制化的虚拟导游和解说内容。这背后依赖于AIGC对大量地理、气象和文化数据的学习和分析。通过深度学习算法，AIGC可以理解不同场景下游客的需求和期望，并提供相应的内容。利用增强现实技术，还可以在现实场景中巧妙叠加虚拟的文化元素。从文化传播的角度来看，这种个性化的增强现实体验能够更好地满足游客对于深入了解当地文化的需求。它不仅为游客提供了视觉和听觉上的刺激，更在知识和情感层面上丰富了他们的旅游体验。通过与虚拟导游的互动，游客能够更深入地感受文化的魅力，从而对其所在国家形象产生更积极的认知。例如，当游客漫步在希腊雅典的街头时，通过查看加载AR功能的手机应用，古老建筑的原貌可以在现实街景上重现，那些曾经辉煌的立柱、精美的浮雕仿佛穿越时空再次展现在眼前，让人们在日常生活场景中随时随地领略希腊悠久的历史和灿烂的文化，使国家的文化魅力自然绽放。这种将虚拟与现实融合的方式，打破了时间和空间的限制，为文化传播带来了新的机遇和挑战。

4.国家知识传播的新路径

在教育领域，AIGC与增强现实技术的融合为国家知识的传播开辟了新的途径。许多国家都认识到，传统的教育方式在激发学生兴趣和培养深度理解方面存在一定的局限性。AIGC驱动的增强现实教材能够将抽象的历史知识转化为直观的视觉和互动体验。例如，在学校历史课程中引入增强现实辅导教材，通过对学生扫描行为的响应，AIGC能够生成与课程内容相关的3D模型和场景。从认知心理学的角度来看，这种多感官的学习体验能够更好地帮助学生建立知识体系和记忆。学生不再仅仅依靠书本上的文字和图片来理解历史，而是通过与虚拟场景的互动，亲身感受历史的发展脉络。这种亲身体验能够激发学生的好奇心和探索欲，培养他们对国家历史的自豪感和认同感，进而在潜移默化中传播国家形象。

由此，AIGC凭借其强大的数据处理和内容生成能力，能够为虚拟现实和增强现实技术提供更精准的数据生成和内容优化，从而创造出更具沉浸感和吸引力的传播场景。这些创新应用不仅使国家形象的传播更加生动、深刻，还能够有效地吸引受众的注意力，激发他们的兴趣和情感共鸣，为国家形象的塑造和传播开辟了全新的途径和广阔的空间。

二、在线互动形态

1. AIGC对互动形式与内容设计的优化

在当今高度数字化和信息化的社会中，在线互动活动已成为国家形象传播的重要手段之一。AIGC的参与为互动活动的形式和内容设计带来了深刻的变革。以某国举办线上科技挑战赛为例，通过对大量科技数据和创新案例的学习，AIGC能够在参与者提出需求的瞬间，提供与之高度相关且具有前瞻性的技术资料和创意启发。这不仅能够为参与者打开思路，还能为他们提供坚实的知识基础和创新方向。从互动传播的理论角度来看，这种实时的、个性化的支持能够极大地提高互动的质量和效率。参与者能够在短时间内获取所需的信息，快速调整和完善自己的方案，从而提升整个活动的创新水平和竞争激烈程度。同时，活动平台设置的实时排行榜和专家点评环节，可以进一步增加活动的紧张感和吸引力。实时排行榜激发了参与者的竞争意识，促使他们不断超越自我；专家点评则为参与者提供了专业的指导和建议，帮助他们从不同的角度审视自己的方案，提升创新的深度和广度。

2. 基于AIGC的活动传播效果评估

在组织和策划在线互动活动时，对活动传播效果的准确评估至关重要。AIGC为这一评估过程提供了全新的方法和思路。以全球性的环保主题在线互动活动为例，AIGC能够对海量的参与者行为数据进行深入挖掘和分析。这些数据不仅包括参与时间、提交方案的质量等表面信息，还涵盖了参与者之间的互动频率、话题热度等深层次的社交行为数据。通过对这些多维度数据的综合分析，AIGC能够绘制出一幅全面、细致的活动效果画像。从统计学和数据分析的角度来看，AIGC所采用的算法和模型能够准确地识别数据中的模式和趋势，为组织者提供客观、准确的评估结果。这种基于数据驱动的评估方法，使组织者能够清晰地了解活动的优势和不足，为后续的优化和改进提供科学依据。同时，AIGC还能够实时监测活动的进展和变化，及时发现潜在的问题和风险，为活动的顺利进行提供保障。

3. 增强受众对国家形象的认同感

在国家形象传播的过程中，受众的认同感是至关重要的目标之一。国家形象除了包含物质和制度层面的要素，也涉及精神要素和情感成分，其建构与传播不仅依赖客观存在，也诉诸主观判断和感性具象的载体。[①]情感是引发共鸣、获得良好国际传播效果的重要因素，也是产生认同、维系政治合法性的重要工具。[②]在线互动活动通过AIGC的赋能，能够有效地增强受众对国家形象的认同感。如上述某国举办的线上科技挑战赛，AIGC在活动中发挥关键作用，为参与者提供了个性化的反馈和奖励。这种个性化的互动方式，使得每一位参与者都能够感受到自己的独特价值和重要性，从而更加投入地参与到活动中。从社会心理学的角度来看，当受众在活动中获得积极的反馈和奖励时，他们会产生一种满足感和成就感，对活动的主办方和相关国家产生好感和认同，同时促使受众进一步深入了解该国，打破对其的刻板印象，形成更加全面、深入和真实的认知。这种认知的转变不仅增强了他们对某国文化的欣赏和喜爱，也提升了对该国国家形

① 杨琳，许秦. 从个体形象到国家形象：基于微观视角的国家形象传播研究［J］. 国际传播，2018（5）：6-16.

② 周晓虹. 认同理论：社会学与心理学的分析路径［J］. 社会科学，2008（4）：46-53，187.

象的认同感和尊重。

4.促进国际间的交流与理解

在全球化的时代，国际间的交流与理解是构建和谐世界的基础。在线互动活动，尤其是跨国的活动，为不同国家的人民提供了一个交流和分享的平台。AIGC在其中发挥了重要的桥梁作用，促进了信息的准确传递和理解。以举办“世界美食之旅”跨国在线互动活动为例，各国参与者通过分享自己国家的特色美食制作过程和背后的文化故事，可以展示各自国家的独特魅力和文化传统。AIGC的语言处理能力使得不同语言的障碍得以消除，确保了信息的流畅交流。从跨文化传播的理论角度来看，这种交流和分享有助于打破文化隔阂，增进彼此的了解和尊重。参与者能够从不同国家的美食文化中发现共同点和差异，从而拓宽视野，培养全球视野和跨文化交流的能力。通过这种积极的互动和交流，各国的国家形象得到了更加真实和全面的展示，促进了国际社会对不同国家的理解和接纳，为构建一个多元、包容与和谐的世界做出积极贡献。

综上，在当今数字化和全球化的时代背景下，AIGC在国家形象传播的沉浸式与互动式应用中展现出了强大的力量和广阔的前景。通过虚拟现实与增强现实技术的应用，AIGC不仅能够重现逼真的历史文化场景，让人们仿佛穿越时空，亲身体验国家的辉煌过往，还能优化重大活动的虚拟体验，使无法亲临现场的观众也能感受到活动的热烈氛围和魅力。这无疑为国家形象的传播增添了深度和广度，让更多人能够深入了解一个国家的文化底蕴和精神内涵。在旅游推广中，AIGC加持的增强现实技术能够为游客提供个性化的导游和解说，丰富他们的旅游体验，增进对当地文化的认知和喜爱。在教育领域，AIGC与增强现实技术的融合更是为国家知识的传播带来了新的机遇，激发学生的学习兴趣和探索欲望，培养他们对国家的认同感和自豪感。在线互动活动中，AIGC的参与为活动的形式和内容设计带来了创新和优化。它能够根据参与者的需求提供及时、个性化的支持，提高互动的质量和效率，激发参与者的创新思维和竞争意识。同时，基于AIGC的活动传播效果评估新方法，能够全面、深入地分析参与者的行为数据，为活动的改进和优化提供科学依据，保障活动的顺利进行和持续发展。

在充分利用AIGC优势的同时，我们也需要清醒地认识到可能面临的挑战。例如，技术的不断更新需要我们持续投入学习和培训，以确保能够熟练运用并发挥其最大效能。同时，在内容创作和传播过程中，要注意避免过度依赖技术而忽视了人文关怀和文化内涵的传递。还需要关注数据安全和隐私保护等问题，确保在利用AIGC处理大量数据时，不损害参与者的合法权益。总之，要以科学、合理、人性化的方式运用这一技术，更好地传播国家形象，增进国际社会对各国的了解和认同，构建一个更加和谐、多元、相互理解的世界。

第二节　多模态传播的融合策略

AIGC为多模态传播融合策略在国家形象传播中，特别是国家文化形象传播的应用中注入了强大动力。多模态传播融合通过整合图文、音频、视频等多种元素，能够更全面、生动地展示国家文化底蕴，为受众带来更加丰富和深刻的体验。

模态是语言、文字、图像、声音等话语交流所必需的媒介和通道，而多模态话语就其性质而言是人类感知通道在交际过程中综合使用的结果。[①]

① 朱永生. 多模态话语分析的理论基础与研究方法［J］. 外语学刊，2007（5）：82-86.

多模态传播的实现，拓宽了国家形象在时间和空间上的延展，让影像媒体能在最大范围内吸引到最多的观众群体，以期实现传播效果的正向性和最大化。①

在人工智能领域，多模态是指对文本、图像、语音等异构模态数据的感知、识别、处理、理解、协同推理，从而更准确地理解外部世界。②多模态传播，即包括人工智能在内的数字技术和应用辅助数字内容生产所生产的内容和生成式人工智能所生成的内容，在推荐算法等助力下进行传播的传播模式，更关注深度合成技术、智能内容生成技术生成的多模态内容的传播特性、传播规律、传播方法、传播模式。③特别是在一些政论片中图像、声音和文字的多模态呈现辅以转喻与隐喻的话语表达，能够有效地塑造与传递出正向的国家形象，同时带给观众丰富的感官体验。

一、图文、音频、视频协同

人工智能技术借助大数据语言模型、强化学习等多种技术，实现了从单模态到多模态的重大飞跃，人机融合的程度不断加深，使使用者利用人工智能进行创作的门槛不断降低，创作的形式也更加多样化、个性化、智能化。④在国家形象传播中，特别是在宣传展示一些国家和地区的自然景观、传统艺术作品、公益活动等方面，AIGC能够实现图文、音频、视频等多模态协同创作，提升视频氛围与细节的营造，增强信息的表达效果，

① 刘煜，张红军. 政论纪录片塑造国家形象的多模态话语分析［J］. 现代传播（中国传媒大学学报），2018，40（9）：118-122.

② 陆小华. 多模态传播与多维度竞争：智能传播新阶段［J］. 青年记者，2023（17）：60-63.

③ 陆小华. 多模态传播与多维度竞争：智能传播新阶段［J］. 青年记者，2023（17）：60-63.

④ 杨利华，赵辰星. 从ChatGPT到Sora：人工智能生成物的可版权性与权利归属［J］. 武陵学刊，2024（5）：60-69.

达成情感的共鸣，由此更好地向受众表达国家形象的内涵。

以新西兰为例，其壮丽的自然风光是国家形象的重要组成部分。当我们展示一张新西兰雪山湖泊的照片时，AIGC能够发挥其强大的语言生成能力，为这一视觉画面提供精准而富有诗意的文字描述。从符号学的角度来看，图像是一种直观的符号，能够迅速吸引观众的注意力，但它所传达的信息可能较为表面和有限。而文字则是一种更为抽象和深入的符号，能够挖掘图像背后的情感、意义和价值。AIGC生成的文字描述就像是一座桥梁，连接了图像的直观性和文字的深刻性，让观众不仅能看到雪山的雄伟和湖泊的宁静，还能感受到其中蕴含的大自然的力量和神秘。在使用AIGC时，需要注意这是一个需要反复优化的过程，通过不断地修改和完善文字提示，使AIGC生成的文字与图像完美结合。这种图文结合的方式能够充分调动受众的多种感官，增强信息传达的效果。视觉上的冲击与文字所引发的联想和思考相互交织，使受众对新西兰自然风光的壮美有更全面、更深刻的认知，同时也传递出新西兰对自然的尊重和保护，进一步塑造了其积极的国家形象。

再如，中国的传统艺术作品承载着丰富的文化内涵和历史记忆。在推广这些传统艺术时，AIGC能够发挥关键作用。通过对一幅传统绘画作品的分析，AIGC可以生成详细的文字介绍，包括作品的历史背景、创作手法和象征意义等，并且可以结合所推广地区的文化差异提供针对性的文本表述。从文化研究的理论视角来看，艺术作品不仅仅是美的表达，更是文化和社会的反映。AIGC生成的文字能够帮助受众突破对画作表面的欣赏，深入文化和历史的层面中。观众可以了解到作品创作时期的社会背景、作者的个人经历以及作品在当时所代表的文化意义。这不仅有助于观众更好地理解和欣赏画作本身，还能够让他们感受到中国传统文化的博大精深和源远流长。这种深度挖掘和展示，能够提升中国传统艺术在国际上的影响力，进而增强中国国家形象中文化底蕴深厚的一面。

此外，AIGC还可以增强视频氛围与细节的营造。澳大利亚在制作宣传其野生动物保护工作的影像作品时，可以利用AIGC增强音视频的协同作用。当视频展示袋鼠在草原上跳跃的场景时，利用AIGC能够快速生成匹配视频画面内容的音频效果，营造一种生机勃勃的氛围。从感知心理学的角度来看，音频能够影响观众的情绪和感受。合适的音频可以增强视频所传达的情感，使观众更容易沉浸在画面所呈现的世界中。微风的吹拂声、袋鼠的脚步声和远处鸟鸣声，共同构建了一个生动的自然场景，让观众仿佛身临其境。同时，高清的视频画面能够精准地展示袋鼠的形态和草原的生态环境，提供丰富的视觉细节。这种音频和视频的协同，能够让观众更全面、更深入地了解澳大利亚在野生动物保护方面的努力和成果，从而对澳大利亚的环保形象产生积极的认知。

【案例应用："人民日报创作大脑AI+"】

《人民日报》在创新创作模式期间，集纳了大模型、自然语言处理、计算机视觉、音频语义理解、图像识别等多项先进的人工智能技术，实现了内容智能化生产及协作，形成了集智能化、场景化、自动化于一体的全新工作模式平台。

在具体应用方面，智能媒资提供了海量创意素材，实现了海量创意资源的在线共享。通过巨量内容标签和多级垂直领域分类，为素材深度提供有力支撑，致力于构建全域知识图谱，强大的结构化智能搜索也使媒资（媒体资产）能够高效精准检索。而且还支持在线剪辑媒资素材，做到全时响应、打开即用。在智能生产方面，基于动态可视化Web界面，嵌入了视频、图片、音频等数十种AI处理工具，优化了视频编辑操作流程，帮助创作者迅速完成音视频内容生产，以智能化处理手段为媒体各业务场景赋能。智能云剪借助人工智能、大数据、音视频数字处理技术，结合云平台全程全息工作优势，让用户能够在线轻松上手视频剪辑，聚合海量音视频及图片素材，为媒体机构和内容创作者赋能，推动内容创作生产提速增效。智能协同实现了云端多人协作、素材共享、团队审批等功能，能够激发创新思维和灵感碰撞，使素材资源实时有序共享，团队作品批注清晰便捷，助力创作者实现高效互动协同的内容管理。智能互动构建了全新应用场景，打造出新颖的视频玩法，支持观众在观看视频过程中持续互动。通过设置故事框架的多个分支节点，每次互动点击都会影响剧情走向，实现交互动作的深度沉浸，使互动玩法充满趣味。通过这些应用，"人民日报创作大脑AI+"紧密关注并积极应用大模型技术，强调"场景"与"产品"的紧密融合，有力地促进了人工智能在媒体行业的应用和发展。

二、跨媒体叙事实践

跨媒体叙事（Transmedia Storytelling，简称TS）是美国著名媒体分析家亨利·詹金斯2003年提出的一个关于媒体融合路径的概念，用以描述一种通过统合媒介差异的方式来完成内容产品的媒介生产模式，这种模式通常会随着技术的进步而日渐呈现出复杂的样态。简言之，就是综合运用多种媒体平台、传播策略和传媒产品来建构一个可延展的衍义性很强的故事以谋取资本增值。①

在我国媒体融合进程中，跨媒体叙事实践已经入场，其前提是互联网技术的发展，呈现出协作叙事、共同创造、合作著述和参与式文化的特

① JENKINS H. Transmedia storytelling and entertainment: an annotated syllabus [J]. Continuum, 2010.

点，从信息输入和信息输出两个维度进行延展。[①]经由PC端和移动媒体端等多媒体组接生成的跨屏传播，其意义不仅在于内容的多渠道遍在，更在于传统媒介格局的重构策动了新媒介秩序的悄然生成。[②]传播主体在跨媒体叙事中根据不同媒体平台属性来组织内容与呈现形式，吸引用户在不同媒体平台获取内容，从而获得较为全面的叙事体验。[③]

在当今的媒体环境中，跨媒体叙事已成为一种强大的传播策略，核心诉求和目标之一就是确保故事主线的多平台呈现。以韩国流行文化的推广为例，一部热门电视剧可以衍生出电影、音乐、漫画和游戏等多种形式的作品。AIGC在确保故事主线在不同媒体平台上保持一致的过程中能够发挥积极作用。从叙事学的理论角度来看，故事的连贯性是吸引观众并保持其参与度的关键因素。AIGC可以通过对原始故事的深度理解和分析，提取出核心的情节和主题元素，并将其贯穿于不同形式的作品中。同时，AIGC还能够根据不同媒体平台的特点进行适当的调整和拓展。例如，在漫画中为主要角色添加更多的背景故事，以适应漫画这种更注重角色塑造和情节发展的媒体形式；在游戏中设计更多的互动情节，以满足玩家的参与需求。这种灵活的调整和拓展能够让粉丝在不同的媒体平台上持续关注和参与到这个故事世界中，增强他们对韩国流行文化的喜爱和认同。

印度的神话故事以其丰富的想象力和深刻的哲学内涵而闻名。通过多种形式进行传播时，AIGC能够根据不同媒体的特点和受众的接受习惯对内容进行调整。在虚拟现实体验中，AIGC生成的场景和互动环节能够

① 龚升平. 跨媒体叙事：在跨媒体时代重新生产空间［J］. 编辑之友，2020（5）：80-86.

② 刘煜，张红军. 政论纪录片塑造国家形象的多模态话语分析［J］. 现代传播（中国传媒大学学报），2018（9）：118-122.

③ 郑玄，龚逸琳. 全媒体时代传统媒体新闻报道的创新路径实践的调查研究：基于《新闻联播》跨媒体叙事传播［J］. 中国编辑，2020（10）：75-80.

让观众亲身参与神话故事中。从体验式学习的理论角度来看，这种身临其境的体验能够让观众更加深刻地理解和感受神话故事中的奇幻与神秘。观众不再是被动的接受者，而是成为故事的参与者和探索者。而在动画中，AIGC可以优化角色设计和画面风格，使其更符合儿童观众的喜好。儿童的认知和审美特点与成人有所不同，AIGC能够根据这些特点进行针对性的调整，以吸引儿童观众的注意力并传递故事中的价值观和文化内涵。

丹麦以其“童话王国”的形象在世界范围内广为人知。如何借助AIGC技术的支持，将这些童话故事改编为动画电影、主题公园、音乐剧等多种形式，也可以展开技术畅想。在内容创作方面，AIGC能够协助创作者生成新颖的情节和角色发展，保持故事的吸引力和创新性。在角色设计上，AIGC可以根据不同的作品形式和受众需求，创造出具有独特魅力和识别度的角色形象。场景搭建方面，AIGC能够生成逼真且富有想象力的场景，为观众带来梦幻般的视觉体验。通过大数据分析，AIGC能够了解不同受众对不同形式作品的反馈，例如观众对某个角色的喜爱程度、对某段情节的评价等。这些反馈信息能够为后续的创作和传播提供宝贵的指导，使创作者能够更加精准地满足受众的需求和期望，进一步提升“童话王国”国家形象传播的效果。

三、探索与应对

在多模态传播融合策略中，AIGC无疑成为强大的助推器。它不仅使得图文、音频、视频之间的协同更加紧密和高效，还为跨媒体叙事的实践注入了创新的活力。然而，要充分发挥AIGC在这些方面的作用，我们还需要不断地探索和完善。一方面，需要持续提升AIGC技术的精准度和智能性。尽管当前AIGC在生成文字描述、适配音频和调整内容方面已经取得了显著进展，但在某些复杂情境下，其生成的结果可能仍然不够完美。例如，对于一些具有深刻文化内涵和情感层次的图片或视频，AIGC

生成的文字或音频可能无法完全捕捉到其中的微妙之处。因此，不断改进AIGC的算法和模型，使其能够更细腻地理解和表达各种元素之间的关系，是未来发展的重要方向。

另一方面，跨媒体叙事的成功不仅仅依赖于技术，还需要在创意和策划方面下功夫。AIGC可以为我们提供技术支持和数据参考，但如何巧妙地构思故事、设计情节以及选择合适的传播渠道，仍然需要人类的智慧和创造力。我们应当鼓励创作者将AIGC作为工具，而不是完全依赖它，充分发挥自身的创意和想象力，打造出更具吸引力和影响力的国家形象传播作品。

此外，随着多模态传播融合和跨媒体叙事的发展，数据安全和隐私保护也成为不可忽视的问题。由于人工智能服务提供者的数据来源不合法和算法的不透明，生成式人工智能在数据收集阶段存在侵害著作权人复制权和发表权的风险，在数据输出阶段存在侵犯著作权人改编权和署名权的风险。[①]因此，在利用AIGC处理和分析大量数据的过程中，必须确保数据的合法收集、使用和存储，避免侵权行为，保护受众的隐私权益。要建立健全相关的法律法规和监管机制，建立清晰的版权管理机制，明确素材的来源和使用权限，规范AIGC在国家形象传播领域的应用，保障传播活动的健康、有序发展。

第三节　形式创新的潜力与风险

AIGC引领的形式创新为国家形象传播带来了广阔的发展空间，同时也伴随着潜在的风险和不确定性。

① 刘晓林. 生成式人工智能作品的版权风险与规范［J］. 传播与版权，2024（18）：108-110.

一、传播效果的提升潜力

AIGC驱动的形式创新在拓展传播范围、提升知名度以及影响受众认知和态度方面的巨大潜力。AIGC凭借其个性化推荐、虚拟体验和高效信息传播等能力，能够为国家形象传播带来新的机遇，凸显其对国家形象传播的积极影响。

1.传播范围和影响力的显著拓展

在当今信息爆炸的时代，吸引受众的注意力成了传播活动的关键挑战之一。以北京2022年举办的冬季奥运会为例，AIGC能够在精准传播方面展示强大能力。从受众细分理论来看，不同地区、年龄和兴趣爱好的观众具有不同的信息需求和接受偏好。AIGC借助智能推荐算法，能够对海量的用户数据进行分析和挖掘，从而准确地识别出每个观众的个性化需求。比如，对于喜欢花样滑冰的观众，推送精彩的比赛片段和选手背后的故事，满足他们对特定运动项目的深度关注需求；对于关注科技元素的观众，推送冬奥会中运用的先进技术和环保设施，激发他们对科技创新的兴趣。这种个性化的推送方式打破传统传播“一刀切”模式，使信息能够更精准地触达目标受众。当观众接收到与自己兴趣相关的内容时，他们会产生更强的关注度和参与意愿。因此，AIGC的应用大大提高了赛事的吸引力，吸引了原本对冬季运动不太关注的人群，扩大了传播范围。

此外，AIGC能够助力创建冬奥会虚拟社交空间，为观众提供全新的互动平台。在这个虚拟环境中，观众不再是孤立的个体，而是能够与其他粉丝进行实时的互动、交流观赛感受，并分享自己的体验。这种社交互动的元素可以增强观众的参与感和归属感。从社会认同理论的角度出发，人们往往通过与他人的互动和交流来确认自己的身份和价值观。在冬奥会的虚拟社交空间中，观众能够找到与自己有共同兴趣和情感连接的群体，从而进一步加深对赛事的投入和喜爱。同时，这种互动模式也能够吸引更多年轻一代的数字原住民，他们习惯于在数字空间中进行社交和信息分享，通过他们的参与和传播，赛事的影响力得以进一步扩大。

2. 受众认知和态度的积极转变

在国际社会中，国家形象往往受到各种事件的影响，可能会出现负面的评价和看法。但通过AIGC驱动的形象重塑活动，国家有机会重新塑造和改善其在国际社会中的形象。以某国经历环境危机为例，AIGC技术就为其提供了强大的传播工具。通过生动的视频展示、翔实的数据图表和感人的故事讲述，国家能够以更加直观、全面和深入的方式向国际社会传达和阐释其在环境保护方面的努力和决心。从传播效果理论的角度来看，视觉和情感元素在传播中具有很强的影响力。生动的视频能够吸引观众的注意力，翔实的数据图表能够提供客观的证据支持，而感人的故事则能够引发观众的情感共鸣。AIGC能够帮助整合和优化这些传播元素，使其形成一个具有说服力的传播组合。这些内容或许能够在一定程度上改变国际社会对该国有关环境问题的看法，从之前的担忧和质疑或可转变为认可和赞赏。这种认知的转变不仅仅是对具体事件的态度改变，更是对该国整体形象的重新评估和定位。通过AIGC驱动的形象重塑活动，能够帮助该国在环保领域树立积极的形象，为其在国际合作和发展中赢得更多的机会和支持。

在国家治理和公共服务领域，AIGC的应用能够提升信息传播的效率和质量，从而增强民众对政府的信任和对国家的好感。许多国家利用AIGC开展政务公开和公共服务创新，通过智能客服系统为民众提供及时、准确的信息服务。从信息论的角度来看，信息的准确性和及时性是影响信息价值的关键因素。AIGC驱动的智能客服系统能够快速处理大量的咨询请求，并提供准确一致的回答，减少了信息的不确定性和误解。当民众感受到政府在信息传播方面的诚信和高效时，他们会对政府产生更多的信任和依赖。这种信任和好感的积累有助于塑造一个负责任、值得信赖的国家形象，提升国家在国际社会中的声誉和地位。

二、技术故障与风险应对

AIGC在实际应用中可能面临技术故障等风险，需要有针对性的防范与应对策略，建立有效的监测维护机制和应急预案，最大限度地降低风险，保障国家形象传播的稳定和可靠。

在国家形象传播中，软件应用的准确性和可靠性直接关系到传播的效果和国家形象的塑造。以某国推广旅游资源为例，使用基于AIGC的智能旅游规划应用时，软件系统漏洞导致生成的旅游路线出现错误。从软件工程的角度来看，软件系统漏洞可能是由于编程错误、需求分析不充分或者测试不全面等原因造成的。这些漏洞在实际应用中会导致功能失常，影响用户的使用体验。对于游客来说，错误的旅游路线不仅给他们带来了不便和困扰，还可能影响他们对该国旅游服务的整体评价。从国家形象的角度考虑，这种软件系统的失误可能会让潜在游客对该国的旅游形象产生疑虑，认为该国在旅游服务的数字化建设方面存在不足，进而影响他们的旅游决策。

为了确保AIGC应用的稳定运行，建立完善的技术监测与维护机制至关重要。相关部门应制定定期的设备巡检制度，对服务器、网络设备等进行全面检查和维护。从预防控制理论的角度来看，定期巡检能够提前发现潜在的问题和隐患，采取预防性措施进行修复或更换，从而降低故障发生的概率。同时，配备备用设备和应急电源能够在突发故障时迅速切换，保障系统的持续运行。在软件方面，建立实时监测系统能够对AIGC应用的运行状态进行实时监控。通过监测关键指标和性能数据，能够及时发现软件漏洞和故障的迹象。利用自动化的监测工具和算法，能够快速识别异常情况，并发出警报通知技术人员进行处理。例如，大型跨国公司在推广其品牌形象时，建立专门的技术团队对AIGC驱动的宣传平台进行24小时监测。这种持续的监测和快速响应机制能够确保在问题出现的第一时间进行解决，最大限度地减少对宣传活动的影响，保障品牌形象的传播效果。

在面对可能的技术故障时，制定详细的应急预案是必不可少的。应急预案应明确在技术故障发生时的应对流程和责任分工。从危机管理的角度来看，清晰的应对流程能够确保在紧急情况下各部门和人员能够迅速、有序地采取行动。例如，在直播活动中出现故障，应立即切换到备用线路或采用其他替代方案，以保证传播的连续性。同时，及时向观众道歉和说明情况能够体现主办方的诚意和负责任的态度，缓解观众的不满情绪。加强对相关人员的培训和演练能够提高他们在紧急情况下的应对能力和执行效率。通过模拟实际的故障场景进行演练，相关人员能够熟悉应急预案的流程和自己的职责，在真正的危机发生时能够迅速、准确地执行应急措施。比如，政府在开展大型线上政务咨询活动前，需要制定完善的AIGC相关应急预案。当活动中出现短暂的网络拥堵时，工作人员能够迅速按照预案采取措施，增加带宽资源、优化数据传输，保证活动的正常进行，维护政府的形象和公信力。

在AIGC时代，国家形象传播形式的创新具有极其重要的意义。AIGC带来的创新形式使国家形象的传播更加生动、全面、个性化，能够突破时间和空间的限制，将国家的独特魅力和价值迅速传递给全球受众。通过AIGC驱动的沉浸式和互动式体验、多模态传播融合及跨媒体叙事等创新手段，国家形象得以以更加丰富多样的形式展现，吸引更广泛的受众关注，提升国家在国际上的知名度和影响力。同时，这些创新形式还有助于改变受众对国家的固有认知，增强他们对国家的好感度和信任度，为国家的发展营造良好的国际舆论环境。然而，我们也必须清醒地认识到，在充分发挥AIGC优势的同时，要高度重视潜在的风险。技术故障、数据安全、内容偏差等问题都可能对国家形象传播产生负面影响。需要建立健全相关的法律法规和监管机制，加强技术研发和人才培养，提高风险防范和应对能力。

延伸阅读

1. 何辉，刘朋，等.新传媒环境中国家形象的构建与传播［M］.北京：外文出版社，2008.

2. 费瑟斯通.消费文化与后现代主义［M］.刘精明，译.2版.北京：商务印书馆，2023.

3. 范红，胡钰.国家形象：人类命运共同体与疫情时代的国家形象［M］.北京：清华大学出版社，2022.

思考题

1. 请阐述在AIGC时代，多模态传播融合策略如何精准地适应不同文化背景的受众，以更好地传播国家形象？并举例说明。

2. 分析在AIGC引领的形式创新中，如何衡量传播效果提升潜力带来的收益与技术故障等风险造成的损失，以及如何找到最优的平衡策略？

3. 结合具体案例，探讨在AIGC应用于国家形象传播的创新实践中，如何有效地整合沉浸式与互动形式、多模态传播融合以及跨媒体叙事，以实现传播效果的最大化？

第六章　AIGC 对国家形象传播效果的评估与监测

国家形象传播效果体现在认知、情感、行为这几个关键层面，各层面相互关联、相互影响，共同助力国家在国际舞台上塑造良好且有力的形象，提升国家的国际影响力和竞争力。那么，如何对国家形象传播效果展开有效评估和监测？本章将探讨AIGC背景下多样的评估指标与方法，如借助大数据、先进算法精准衡量传播效果，通过情感分析、态度监测了解受众反应，实时获取反馈以调整传播策略，进一步从长远视角思考传播的长期效果与可持续性。通过对这些问题的研究，了解和掌握开展国家形象传播效果评估与监测更加有效的路径和方法。

学习目标

1. 了解AIGC背景下国家形象传播效果的评估指标和方法。

2. 了解和掌握根据效果反馈调整国家形象传播的策略和路径。

3. 思考AIGC时代实现国家形象传播长期效果和可持续性的方法。

第一节　新的评估指标与方法

国家形象的评估指标是对评估对象本质、结构及其构成要素的客观描述，是对客体属性内涵的分解。它既明确了评价对象的基本性质，又反映了评价对象的数量，具有定性认识和定量认识的双重作用。①准确而有效的评估对于传播活动的设计实施与后续决策有着重要意义，但是目前学术界还没有一个公认的、能够被大家广泛接受并付诸实践的测量方法论与操作指标体系。②国家形象传播效果的评估考察对象是复杂庞大的国家体系的媒介体现，同时由于它还是中国意识形态和执政理念中的一个非常重要的核心概念，针对国家形象的评估体系是重要且必要的。③本节将探讨AIGC在大数据驱动的评估体系和情感分析应用方面所起到的关键作用，助力国家形象传播效果评估进入新的阶段。

一、数据驱动的评估体系

1. 数据采集与整合

大数据驱动的评估体系依赖于广泛而全面的数据采集与整合，AIGC技术在其中发挥着关键作用。这就如同在广袤的信息海洋中撒网捕鱼，AIGC能协助我们从多个渠道更高效地获取丰富多样的数据，如新闻网站、

① 同心. 中国国家形象跨文化传播的评估指标体系研究［D］. 上海：复旦大学，2014.

② 王秀丽，赵雯雯，袁天添. 社会化媒体效果测量与评估指标研究综述［J］. 国际新闻界，2017，39（4）：6-24.

③ 贾海涛. 中国综合国力评估及世界排名：理论、现实及测评公式［J］. 南京理工大学学报（社会科学版），2012（5）：1-16.

社交媒体平台、搜索引擎、在线论坛等。通过网络爬虫技术、API接口等先进手段，在AIGC的辅助下，能够更精准地收集到大量与国家形象传播相关的数据，这些数据形式多样，涵盖文本、图片、视频、音频等多种形式。

从信息论的角度来看，数据的多样性和丰富性能够提供更全面的信息，减少信息的不确定性。然而，不同来源的数据可能存在格式不一致、语义模糊等问题，这就好比从不同海域捕捞上来的鱼，种类和状态各异。AIGC技术能够助力更有效地进行数据整合和清洗，就像对捕捞上来的鱼进行分类和筛选，去除杂质和无效信息，以确保数据的质量和可用性。例如，在收集关于国家旅游形象的传播数据时，AIGC可以从各大旅游网站获取游客的评价和游记，从社交媒体上收集游客分享的照片和视频，以及从与旅游相关的新闻报道中提取关键信息。但这些数据的格式可能各不相同，有的是结构化的表格数据，有的是自由文本，还有的是多媒体文件。AIGC能够协助将这些数据进行整合，统一格式，并运用自然语言处理技术对文本数据进行初步的清洗和预处理，比如去除重复信息、纠正错别字、识别和处理特殊符号等。

以中国的旅游形象传播为例，AIGC可以从人民网、新华网等新闻网站提取有关中国旅游发展的报道，从携程、去哪儿等旅游网站获取游客对各个景点的评价和打分，还可以从微博、抖音、小红书等社交媒体平台收集游客分享的旅游照片、视频和攻略心得。这些数据来源广泛，格式多样。比如旅游网站的数据可能是结构化的，包含景点名称、评分、评论内容等；社交媒体上的数据则多为非结构化的文本、图片和视频；新闻报道则是较为正式的文本格式。在整合这些数据时，AIGC能够将不同格式的数据进行标准化处理，比如将文本数据转换为统一的编码格式，将图片和视频数据进行分类和标注。同时，AIGC运用自然语言处理技术，对文本数据中的错别字、语法错误进行纠正，去除重复的评论和无意义的信息，为后续的分析做好准备。

2.数据分析和解读

在获取和整合数据后，AIGC技术能够极大提升数据分析和解读效果。这就像是拥有了一堆珍贵的矿石，AIGC协助我们运用精湛的工艺将其提炼成有价值的金属。例如，AIGC能更精准地运用自然语言处理技术对文本数据进行情感分析、主题建模和关键词提取，以了解受众对国家形象传播内容的情感倾向、关注焦点和主要话题。情感分析可以帮助判断受众对国家形象的态度是积极、消极还是中性。AIGC强化后的主题建模则能够更深入地揭示传播内容中所涉及的主要主题和议题，从而了解受众最关心的方面。关键词提取能够突出重点，在AIGC辅助下能帮助更快速准确地把握核心内容。

同时，采用数据挖掘技术，如关联规则挖掘、聚类分析等，AIGC能够发现数据中的潜在模式和关系。关联规则挖掘可以揭示不同元素之间的关联，比如哪些传播内容与受众的积极反馈存在强关联。聚类分析则能够将相似的数据点聚集在一起，AIGC可以助力发现不同受众群体的特征和行为模式。

通过机器学习算法，如分类算法、回归算法等，AIGC帮助建立更精准的预测模型，预测传播效果的趋势和走向。分类算法可以将传播效果分为不同的类别，如优秀、良好、一般等，以便进行比较和评估。回归算法则能够预测某些指标的数值变化，比如未来一段时间内的传播曝光度。

以某国举办大型国际体育赛事为例，AIGC参与收集赛事期间的大量社交媒体数据和新闻报道。通过情感分析，发现受众对赛事组织、运动员表现和赛事文化活动的情感倾向存在差异。主题建模显示，热门话题主要集中在赛事精彩瞬间、运动员背后的故事以及赛事对城市形象的提升等方面。运用关联规则挖掘，发现精彩的比赛瞬间与受众的积极分享行为存在较强的关联。基于这些分析，AIGC能够辅助预测未来类似赛事的传播效果，并制定更有针对性的传播策略。

再如，以法国举办的巴黎时装周为例。在时装周期间，AIGC能够协助收集来自各大社交媒体平台、时尚博客和新闻媒体的大量数据。通过情感分析，可以发现受众对于某些知名品牌的新款设计表现出极高的热情和积极评价，而对于一些新兴品牌的设计则评价较为保守。主题建模显示，热门话题主要围绕着知名设计师的作品、时尚潮流的趋势以及时装周对法国时尚产业的推动作用等。通过关联规则挖掘，可以发现哪些具有创新性和独特设计的服装展示与受众的大量点赞和分享行为密切相关。基于这些分析结果，AIGC辅助预测未来时装周的传播效果，并为品牌和主办方制定更具针对性的传播策略，如加大对创新设计的宣传力度，邀请更多有影响力的时尚博主参与报道等。

3.评估指标体系建立

随着数据分析技术的深度融合，国家形象的评估体系标准更加精准化、专业化，AIGC技术有助于构建更科学合理的评估指标体系。这就如同为一座大厦搭建稳固的框架，每一个指标都是一根重要的支柱。这可能包括传播的曝光度（如点击量、浏览量、分享次数等）、受众的参与度（如评论数、点赞数、转发数等）、情感倾向（如积极、消极、中性的比例）、话题热度（关键词的搜索频率和讨论热度）等。AIGC能够从大量数据中挖掘出更精准的指标特征，使这些指标能够从不同维度更有效地反映国家形象传播的效果，为评估提供量化的依据。但需要注意的是，指标的选择应根据传播的目标和受众特点进行定制化设计，以确保评估的准确性和针对性。

比如，如果传播的目标是提升国家的文化影响力，那么对于文化活动相关内容的传播，AIGC辅助我们更关注受众的参与度和情感倾向，因为这更能反映文化传播的深度和效果。如果受众主要是年轻人，那么在评估指标中，AIGC 协助确定社交媒体上的分享次数和话题热度可能具有更高的权重。

以评估中国春节文化在全球范围内的传播效果为例，如果目标是增强春节文化的吸引力和影响力，AIGC 可以重点关注以下指标：在社交媒体平台上，关于春节的话题热度，如"春节""中国新年"等关键词的搜索频率和讨论热度，视频平台上春节相关视频的点击量和播放时长，以及受众在参与春节活动后的评论情感倾向，积极评论的比例越高，说明传播效果越好。此外，还可以观察春节期间相关文化产品（如春联、剪纸等）的销售数据和海外市场的增长情况，作为传播效果的间接评估指标。

二、情感分析的应用

情感分析是指分析说话者在传达信息时所隐含的情绪状态，对说话者的态度、意见进行判断或者评估。[①]目前这种分析方法已被广泛应用于对社交媒体用户情感态度的评估。社交媒体中的信息主要以意见和情感为表现形式，情感分析通过社交平台用户表达的情绪信息了解其对议题的情绪涌动及意见互动机制。[②]社交媒体平台信息的多样性和丰富性为情感分析提供了良好的客观条件。

就技术层面而言，情感分析是一种通过自然语言处理和机器学习技术来确定文本中所表达情感倾向的方法。情感分析的方法大致分为两类：基于机器学习和基于情感词典的计算[③]。AIGC 的发展为情感分析提供了强大

① 周胜臣，瞿文婷，石英子，等. 中文微博情感分析研究综述［J］. 计算机应用与软件，2013（3）：161-164，181.

② THIEN H N，SHIRAI K，VECIN J. Sentiment analysis on social media for stock movement prediction［J］. Expert systems with applications，2015，42（24）：9603-9611.

③ 周胜臣，瞿文婷，石英子，等. 中文微博情感分析研究综述［J］. 计算机应用与软件，2013（3）：161-164，181.

的技术支持，它基于词汇、语法和语义等特征，学习情感词典内容，并结合机器学习，对文本进行分类，判断其情感是积极、消极还是中性。在情感分析维度中，重要的分析工具LIWC文本分析工具依靠一组内置的心理学词典和文本处理模块，能够高效地对输入文本的情感、认知成分和结构成分进行自动评估，并表现出良好的应用效果。[①]

从心理学和语言学的交叉角度来看，情感词汇的使用、句子结构和语气等都能传递情感信息。AIGC强化的情感分析技术通过对大量标注数据的学习，能够建立更精准的模型来识别这些情感特征。例如，“太棒了！”“令人惊喜”等词通常表达积极情感，“糟糕”“失望”等词则往往表示消极情感。句子的长度、复杂程度以及标点符号的使用也能反映情感的强度，AIGC能够更敏锐地捕捉这些细节。

情感分析在国家形象传播效果评估中具有重要作用。目前，新闻媒体将情感分析技术应用于新闻情感分析，以此了解受众对不同新闻内容的情感倾向，充分理解受众的情感需求，从而更好地调整新闻报道的内容和风格，提高新闻生产的质量和效率，使受众获得更好的新闻阅读体验。[②]AIGC进一步增强了这项效能，能够直接反映受众对传播内容的情感反应，帮助了解受众对各类传播渠道有关国家形象内容的态度和感受。ChatGPT此类大型语言模型，可以对文本进行自然语言处理和生成，自动分析传播内容中的情感色彩，提供有价值的情感分析服务。[③]例如，如果大量受众对关于国家文化活动的报道表现出积极的情感，说明传播效果良

---

① PENNEBAKER J W，CHUNG C K，IRELAND M，et al. The development and psychometric properties of LIWC2007［J］. Austin，2007.

② 党晶晶. ChatGPT 在新闻生产领域中的嬗变与重构［J］. 传播与版权，2023（13）：4-6.

③ 郭淼，邓斐扬. 人机耦合：ChatGPT 对新闻业的重塑可能［J］. 传媒论坛，2023（6）：9-14.

好，有助于提升国家的文化形象。反之，如果对国家的某项政策解读引发了较多消极情感，可能需要及时调整传播策略。比如，美国在推广其科技创新成果时，AIGC 对社交媒体上的相关讨论进行情感分析。发现受众对于某些前沿科技产品如无人驾驶汽车、智能家居等表现出强烈的好奇和期待，情感倾向积极。这有助于提升美国在科技创新领域的形象，吸引更多的投资和合作。

情感分析在应用中也面临一些挑战，如语言的多义性、文化背景的差异、讽刺和反讽的表达等可能导致情感判断的偏差。不同媒体平台的情感倾向具有典型的差异化，文化议题在各平台上更容易获得高讨论度和最高正向评价比率。[①]AIGC的不断进化为应对这些挑战提供了新的思路和方法。例如，"这真是太好了，我简直不敢相信！"在某些语境中可能是反讽，实际表达的是消极情感。不同文化对于情感的表达方式和强度也有所不同。为应对这些挑战，可以采用多模态数据融合，结合文本之外的图像、视频等信息进行综合判断，AIGC 在多模态数据的处理和融合方面发挥着重要作用。同时，不断优化算法模型，AIGC 助力提高情感分析的准确性和适应性。例如，在分析关于国家美食的传播效果时，除了文本评论，AIGC 还可以结合美食图片的点赞数和分享次数来综合判断受众的情感倾向。

假设我们要分析日本寿司在国际上的传播效果，仅仅依靠文本评论可能会出现误判，因为有些评论可能存在反讽或含蓄的表述。但如果结合美食图片的受欢迎程度，比如在 Instagram 上寿司图片的点赞数和分享数，以及相关视频的播放量和评论情感，AIGC 就能更全面准确地了解受众对日本寿司的真实情感倾向，从而更有效地评估其传播效果。

综上所述，AIGC 在大数据驱动的评估体系和情感分析的应用中发挥

① 韩瑞霞，谭欣仪，张佳榕. 国际社交媒体上中国形象的意见–情感特征与媒介驱动机制［J］. 南京邮电大学学报（社会科学版），2023，25（5）：10-19.

着积极作用，为国家形象传播效果的评估提供了更精准的方法，但在实际应用中仍需要充分考虑数据的采集与整合、分析方法的选择以及情感分析的挑战与应对，以确保评估的准确性和有效性。

第二节　实时反馈与策略调整

在国家形象传播的动态进程中，实时反馈与策略调整犹如航行中的舵手，能够引领传播方向，确保传播效果的优化与提升。而随着AIGC技术的融入，这一领域正经历着深刻的变革。本节将深入探讨在AIGC助力下，如何建立高效的反馈机制，实现快速响应和智能算法的优化策略，以及人机协作在其中的关键作用。

一、基于反馈的快速响应

反馈本是信息科学中的一个基本概念，它产生于无线电工程技术，本指被控制的过程会对控制机构起到一种反作用，而这种反作用又会反过来影响这个系统的实际过程与效果，以达到预定目的的过程。在新闻传播领域，反馈机制则是信息在受众方经过一系列内化转换后形成新的想法、观念与意识，通过反馈机制来把内化活动和外化现实联系起来[①]，从而形成一个互动状态的大众传播系统。反馈机制已经成为大众传播系统中必不可少的环节，并且直接参与了大众传播效果对社会的塑造。

在当今信息飞速传播的时代，为了实时获取传播效果的反馈，并使大众传播产生良好的显示效果，发挥出高能量的社会效益，建立有效的反馈机制至关重要，而AIGC技术能在此发挥显著作用。这就如同在战场上依

① 梁亚宁. 受众反馈机制研究［J］. 新闻战线，2015（17）：121-122.

靠先进的侦察系统及时感知局势变化。在传播渠道中设置监测点时，AIGC 可助力更精准地分析网站流量统计工具收集的数据，例如运用自然语言处理技术理解用户的浏览行为和兴趣倾向。在社交媒体平台上，AIGC 能更敏锐地识别和分类用户的评论、点赞、转发等互动信息，挖掘其中潜在的情感和需求。

从信息传播理论的角度来看，反馈是传播过程中的重要环节，它能够帮助传播者了解信息的接收情况和效果，从而调整传播策略。而 AIGC 的应用使得反馈机制更加灵敏和智能，能够更快地捕捉到细微的变化和趋势。同时，主动收集受众的意见和建议方面，AIGC 可以参与设计更具针对性和有效性的在线调查问卷，通过分析大量文本数据，提取关键信息和共性问题。利用 AIGC 的情感分析能力，能更准确地评估用户满意度。

从系统论的角度来看，AIGC 赋能的反馈机制是一个更智能、高效的信息流通闭环，能够更及时、精准地将传播效果的信息传递给传播者。例如，某国家在推广其科技创新成果时，AIGC 协助在官方网站设置了智能化的反馈区域，不仅能自动分类和整理用户输入的意见和建议，还能提供初步的分析和总结。同时，通过 AIGC 对社交媒体平台上的话题标签，如“#该国科技创新成果反馈#”的实时监测和分析，快速筛选出有价值的讨论和评价，为传播团队提供更深入的洞察。

当接收到反馈信息后，迅速做出响应至关重要，AIGC 能为这一过程提供强大支持。这就像是战场上的指挥官在智能助手的辅助下，根据精准情报迅速调整战术部署。对于负面反馈，AIGC 可以迅速分析问题的核心和影响范围，协助生成清晰、准确的澄清声明或处理方案建议，避免误解的扩大。对于正面反馈，AIGC 能协助策划相关的后续推广内容，根据受众特点和需求提供个性化的创意。

从危机管理理论的角度来看，及时、有效的响应对于化解危机、维护形象至关重要。AIGC能够在短时间内提供大量的数据分析和策略建议，帮助传播者做出明智的决策。以某国旅游局发布的一则旅游宣传视频为例，部分观众对视频中的某些景点介绍提出疑问。AIGC迅速分析这些疑问的关键词和主要关注点，为旅游局提供详细的解答思路和补充信息。旅游局据此在社交媒体上做出全面、准确的回应，消除观众疑虑。

再以某国的旅游形象传播为例，AIGC能够通过实时监测和分析社交媒体上的用户评论，更迅速、精准地发现游客对某景区服务质量的质疑。具体来说，传播团队在AIGC监测到负面评论后，借助AIGC的分析结果，第一时间与景区管理部门取得联系，更全面地了解景区的实际情况。经过调查，发现是由于旅游旺季游客过多导致服务跟不上。景区管理部门在AIGC的辅助下，制定更科学的改进措施，如利用AIGC预测游客流量，合理增加服务人员；通过AIGC优化服务流程，提高服务效率；AIGC还能帮助筛选出受影响的游客，为补偿方案提供数据支持。传播团队在AIGC的协助下，将改进措施和处理结果以更吸引人、更易懂的图文并茂形式发布在社交媒体上，更好地赢得游客的理解和信任。及时、透明的沟通和积极的行动能够重建公众的信任和好感。AIGC在这个过程中提高了信息处理和传播的效率，增强了传播效果。

二、智能算法的优化策略

智能算法在国家形象传播效果评估及策略调整中发挥着关键作用，而AIGC的融入使其效果更显著。协同过滤算法在AIGC的增强下，能够更加深入地理解用户的潜在兴趣和需求，推荐更贴合用户心理的传播内容，极大提高受众的关注度和参与度。强化学习算法结合AIGC，能根据更丰富、更准确的传播效果反馈，不断优化传播策略。例如，AIGC助力分析更复杂的用户行为数据，从而更精准地确定发布时间和选择合适的传播渠道。比如，某新闻平台借助AIGC改进的协同过滤算法，根据用户的浏览历史和兴趣偏好，为用户推荐更个性化、更符合国家形象传播目标的新闻，显著提高了用户的点击率和阅读时长。从用户行为分析的角度来看，了解用户的兴趣和行为模式是提供个性化服务和优化传播策略的基础，AIGC与智能算法的结合能够更深入地挖掘这些信息。

然而，智能算法也存在一定局限性。人工智能在数据吞吐中产生的算法"黑箱"问题带来了最为棘手的伦理隐患，其中包括"算法偏见"。[①]包括新闻信息推送商在内的网络服务的提供者致力于开发最为便捷高效的算法，以实现个性化的过滤，但在这一过程的开始阶段，就含有大量带有偏见、误导性的信息，甚至是错误信息。[②]然而，AIGC的发展为解决这些问题带来新的可能。在数据偏差问题中，AIGC可以通过更全面的数据采集和预处理，减少数据的不代表性。对于过拟合问题，AIGC能协助优化算法参数，提高算法的泛化能力。同时，结合AIGC和人类的经验判断进行综合决策越发重要。AIGC提供数据驱动的建议，人类凭借直觉和对情境的理解进行调整，实现更优的决策。例如，当训练数据主要是年轻人的反馈导致算法偏向时，AIGC可以分析不同年龄段的数据特征，为人类编辑提供调整方向，确保推荐的公平性和多样性。数据的质量和算法的参数调整对于模型的性能至关重要，AIGC能够在这方面提供有力的支持。

算法对传统媒体和职业记者的替代程度尚存争议，算法应用的优势在

① 仇筠茜，陈昌凤. 基于人工智能与算法新闻透明度的"黑箱"打开方式选择［J］. 郑州大学学报（哲学社会科学版），2018，51（5）：84-88，159.

② NEWELL S，MARABELLI M. Strategic opportunities（and challenges）of algorithmic decision-making：a call for action on the long-term societal effects of 'datification'［J］. The journal of strategic information systems，2015，24（1）：3-14.

于精准性、客观性、简洁性和迅捷性，而人类记者的优势在于具有分析技巧、创造力与深度报道的能力。[①]因此，在开展国家形象传播效果评估和监测的过程中，人机协作至关重要，AIGC能够进一步强化这种合作的效果。人类的判断力、创造力和对复杂情境的理解能力在AIGC的辅助下得以更好发挥。我们可以从以下几个方面更好地理解这种协作关系。

在社交媒体传播效果评估方面，社交媒体平台进行国家形象传播时，传播内容形式多样，涵盖图文、短视频等。例如，我国某文化机构发布了一系列展现传统手工艺传承的短视频，旨在向世界传播中国悠久的传统文化以及匠人们精益求精的精神，以此塑造文化底蕴深厚的国家形象。专业人员凭借自身的判断力，能够从主观角度出发，分析这些短视频所传达的文化内涵是否精准、情感是否真挚，是否契合既定的传播目标，同时基于对不同文化背景受众喜好的大致了解，初步判断出可能受哪些地区受众欢迎。而AIGC则可以通过大数据分析技术，收集社交媒体上各个国家和地区用户对这些短视频的详细互动数据，包括点赞数、评论内容情感倾向（积极称赞、好奇询问或是消极质疑等）、转发量以及不同年龄段、性别群体的参与度等信息。

不仅如此，专业人员还能够利用AIGC进一步对评论内容进行深度语义分析，精准提取出国外受众对于中国传统手工艺最感兴趣的点在哪里，是独特的制作工艺、背后蕴含的历史故事，还是其艺术美感等；同时也能发现哪些内容让部分受众存在误解或者不太理解，辅助其更全面地了解传播效果。基于AIGC提供的这些客观且细致的数据和分析结果，专业人员再运用自己的创造力去思考如何优化后续的短视频内容，比如针对受众感兴趣的点进一步深挖，或者针对误解进行更清晰准确的阐释，从而更好地提

① VAN DALEN A. The algorithms behind the headlines：how machine-written news redefines the core skills of human journalists［J］. Journalism practice，2012，6（5-6）：648-658.

升传播效果，让中国传统文化在世界范围内得到更理想的传播，强化文化层面的国家形象塑造。

在国际文化活动传播效果监测方面，以我国举办的国际文化年活动为例，活动包含了众多项目，如艺术展览、民俗表演、学术交流等，期望借此全方位展示中国的多元文化以及开放包容的国家形象。专业人员凭借在活动组织和对外文化交流方面的丰富经验，能够在活动过程中观察现场观众的反应，与各国参与者进行面对面交流，直观地感受活动在营造氛围、传递文化价值等方面的实际效果，判断哪些环节得到了热烈回应，哪些还稍显不足。然而，仅靠这些主观观察和现场有限的反馈是不够全面的。

此时，AIGC可以发挥强大作用，它能收集整合来自全球各大媒体对此次文化年活动的报道情况，分析不同媒体报道的角度、重点以及态度倾向；还能梳理线上线下各类渠道中关于活动的讨论热度变化趋势，例如在不同阶段，哪个项目的关注度最高，在哪些国家引发了持续的话题讨论等。并且，可以通过AIGC分析国际游客在活动前后对中国文化认知和情感态度的变化数据（这些数据可以从各大旅游平台、社交媒体等多渠道获取并整合），精准地呈现出活动对于提升国家形象在国际受众心中认知度和好感度方面的具体效果。

专业人员依据AIGC所提供的海量且系统的分析数据，利用自身对复杂情境的理解能力，比如考虑不同国家间文化差异、当前国际关系等因素，创造性地调整后续类似文化活动的策划方案，决定在下一次活动中强化哪些文化展示内容、优化哪些互动环节，确保国家形象通过国际文化活动得到更有效的传播与提升。

在对外宣传片传播效果分析方面，当我国制作了一部展现国家现代化建设成就以及人民幸福生活的对外宣传片时，希望借此向世界展示中国蓬勃发展、和谐稳定的国家形象。专业人员能够从宣传片的创意构思、画面呈现、文案表达等方面运用自己的专业判断力，去评估其是否符合国际传播语境，是否能够准确传递核心信息，是否具备足够的吸引力等。比如，判断某个展现科技创新成果的画面是否足够震撼直观，文案中的表述是否通俗易懂又能彰显亮点。

而AIGC可以借助图像识别技术和自然语言处理技术，分析宣传片在不同国家的播放平台上，观众的观看时长、中途跳出率等数据，以此来判断哪些部分最能抓住观众注意力，哪些部分容易让观众失去兴趣；同时，AIGC还能收集国外专业影评人以及普通观众的评价内容，进行情感分类和主题聚类分析，找出大家普遍认可的亮点以及觉得有待改进的地方。

基于AIGC的这些分析，专业人员就可以发挥创造力对宣传片进行优化，比如调整画面顺序、增加更具感染力的旁白或者补充一些更具代表性的素材等，从而让宣传片在后续的传播过程中更有效地传播国家形象，提高国际受众对中国真实面貌的认知度和认同感。

总之，在国家形象传播效果评估和监测的诸多环节中，人机协作的模式能够充分整合人类与AIGC的优势，实现更加科学、精准、全面的效果把控，助力国家形象在国际舞台上不断优化传播。

这一节探讨了AIGC在实时反馈与策略调整中的重要作用。通过建立基于AIGC的反馈机制，能够更迅速、准确地获取受众的反馈信息。在快速响应方面，AIGC为处理负面和正面反馈提供了有力支持，帮助及时化解危机、强化传播效果。智能算法与AIGC的结合使策略调整更加精准和有效，尽管算法存在局限性，但AIGC为改进策略提供了新的途径。而人机协作的模式在AIGC的辅助下，充分发挥了人类和机器的优势，提升了国家形象传播的效率和质量。总之，AIGC的应用为国家形象传播的实时反馈与策略调整带来了新的机遇和可能性，使我们能够更好地适应不断变化的传播环境和受众需求。

第三节　长期效果与可持续性

在国家形象传播领域，关注长期效果与可持续性是一项具有深远意义的任务。这不仅关系到国家形象的当前塑造，更决定了其在未来的影响力和价值。随着时代的演进和技术的发展，理解国家形象传播的长期动态和可持续路径变得愈发关键，而AIGC的出现为这一过程带来了新的助力与机遇。本节将深入研究这一重要议题，探讨品牌形象的长期塑造以及累积效应的作用，为实现国家形象的持久传播提供深入的思考和策略。

一、品牌形象

国家形象在一定程度上可以视为一个品牌形象，其构成要素丰富多样且相互关联，共同在国际舞台上描绘出国家的独特画卷。国家的价值观犹如灵魂，指引着国家的发展方向和行为准则。文化传统是国家形象的深厚根基，承载着历史的记忆和民族的精神。例如，日本以其独特的茶道、动漫文化等，向世界展示了其既传统又现代的多元魅力。科技创新能力是国家形象的活力源泉，展现了国家的进步与发展潜力。例如，中国在信息技术、生物科技等领域的持续创新，使其成为全球科技创新的引领者，塑造了充满活力和创造力的形象。

在AIGC助力下，能够更深入地挖掘这些要素并进行精准传播。AIGC可以通过分析海量的数据，精准把握不同国家、不同文化背景受众对于各个构成要素的兴趣点和认知差异。比如，针对文化传统这一要素，AIGC能够梳理出在不同地区人们最受关注的文化元素，辅助制定传播方案，让传播内容更贴合受众喜好，使得这些构成要素在国际传播中发挥更大的影响力，它们不是孤立存在的，而是相互融合、相互促进，形成一个有机的整体。

为了长期塑造良好的品牌形象，需要制定持续而一致的传播策略。这包括通过长期的文化交流活动、国际援助等方式，传递国家的核心价值观和文化魅力。AIGC在其中可发挥重要作用。在文化交流活动方面，AIGC可以根据不同国家受众的文化背景和喜好，协助生成更具吸引力、更贴合当地文化语境的活动内容。例如，中国举办“欢乐春节”等活动时，AIGC能基于对海外受众偏好的分析，为传统音乐、舞蹈、戏曲等艺术形式创作出多样化且引人入胜的介绍文案，甚至生成与之相关的趣味互动内容，如文化知识问答、虚拟体验等，提升活动的传播效果，让世界更好地领略中国文化的博大精深。

在国际援助方面，AIGC可以实时收集并分析全球不同地区的需求信息，辅助精准定位援助方向，同时通过生成合适的宣传报道内容，更全面地展现国家的人道主义关怀和责任担当。

同时，积极参与国际事务，展示国家的责任担当和国际影响力。以中国为例，中国通过举办“孔子学院”，在世界各地推广汉语和中国文化，AIGC可以协助开发趣味汉语学习课程、文化故事集等内容，加强与其他国家的文化交流。在参与全球气候变化治理，提出“碳达峰碳中和”目标的过程中，AIGC能帮助生成深入浅出的科普内容，向全球受众解释这些目标的意义和价值，展现对全球环境问题的责任担当。此外，中国在维和行动、反恐合作等领域发挥着积极作用时，AIGC也可创作生动形象的宣传资料，让国际社会更清晰地了解这些贡献，为世界和平与稳定贡献力量。

在长期传播过程中，国家需要不断维护和提升品牌形象。AIGC有助于及时处理负面事件，当某个国家遭遇自然灾害等负面情况时，AIGC能够快速收集全球范围内的舆论信息，分析各方态度和关注点，辅助制定积极有效的沟通策略，通过透明的信息传播向国际社会展示应对能力，从而维护国家形象。例如，日本在经历地震和海啸后，若借助AIGC的数据分析能力，可更精准地把握国际舆论对核泄漏事故等方面的关切点，进而制定更具针对性的信息发布和解释内容，并凭借其高效的应急救援和重建工作，以及对核泄漏事故的透明处理，在一定程度上能够缓解灾害给国家形象带来的负面影响。

同时，不断创新传播内容和形式也是保持品牌形象活力的关键，AIGC在此方面优势明显。如今，借助AIGC的强大创作能力，可以更高效地生成符合潮流趋势的影视剧本创意、音乐旋律和时尚设计元素等，进一步推动文化产品的创新，持续吸引受众，保持品牌形象的新鲜感和吸引力。

二、累积效应

国家形象的传播效果不是一蹴而就的，而是在时间维度上逐渐累积的，如同滴水穿石。每一次传播活动都可能对国家形象产生一定的影响，这些影响相互叠加，形成长期的累积效应。

AIGC能够助力跟踪和分析每一次传播活动的效果数据，基于大数据分析技术，从海量的信息中精准提炼出每次传播活动在不同受众群体、不同地区所产生的具体影响，包括认知度的提升、情感态度的变化等情况。从传播学的“议程设置”理论来看，持续的传播能够逐渐改变受众对国家的认知和态度。媒体通过不断地报道和强调某些议题，引导公众关注和思考，从而影响他们对相关事物的看法。例如，多年来持续的文化输出和国际合作，能够让其他国家的民众对该国的文化和价值观有更深入的了解和认同。法国通过其丰富的文学、艺术和时尚文化的长期传播，使“法式浪漫”和“艺术之都”的形象深入人心，而AIGC可以通过长期监测不同渠道关于法国文化的传播数据，分析出哪些内容、何种传播方式最有助于强化这一形象，进而为后续传播提供参考，让这种累积效应更加显著。

影响国家形象传播可持续性的因素众多，如同一个复杂的生态系统，每个因素都相互作用，共同影响着整体的平衡和发展。在传播内容的质量和创新性方面，AIGC可以作为内容创作的有力帮手，通过学习大量优秀的传播案例以及对目标受众兴趣点的分析，辅助生成既有深度、准确性又具备独特性的传播内容，避免出现因内容缺乏吸引力而导致传播效果不佳的情况。例如，一些国家在旅游宣传中，仅仅强调风景的美丽，却忽略了文化内涵和当地人民的生活体验，导致传播效果不佳，若运用AIGC，就能挖掘出风景背后的人文故事、独特民俗等元素融入宣传内容中，使其更丰富饱满，引起受众的兴趣和共鸣。

对于传播渠道的稳定性和拓展性，AIGC可以实时监测不同渠道的传播效果数据，帮助判断哪些渠道在不同时期、针对不同受众群体更具优势，进而指导合理拓展和优化传播渠道布局。随着新媒体的兴起，传统的传播渠道如报纸、电视面临挑战，而善于利用社交媒体、短视频等新兴渠道的国家能够更好地触达年轻受众。AIGC能根据各新兴渠道的特点和受众偏好，协助制作适配的传播内容，如为短视频平台生成创意脚本、为社交媒体创作互动话题等，确保信息能广泛、有效地传递。

受众的需求和反馈是调整传播策略的重要依据，AIGC可以对海量的受众反馈信息进行语义分析和情感分类，精准把握受众的兴趣、需求和期望变化，使得传播内容更具针对性和吸引力。比如，如果传播内容长期缺乏创新，受众可能会产生审美疲劳，降低传播效果，AIGC就能及时察觉这种变化趋势，辅助及时调整传播内容方向，创新表现形式，以适应受众需求，维持良好的传播效果。又如，当传播渠道无法适应技术发展和受众习惯的变化时，传播的覆盖面和影响力也会受到限制，AIGC凭借对新技术发展趋势和受众行为数据的分析，助力提前布局更合适的传播渠道，保障传播的可持续性。

为了实现国家形象传播的长期效果和可持续性，需要制定战略规划和长远目标。AIGC可以通过分析历史数据、国际形势以及不同国家过往的成功传播案例，辅助制定科学合理的战略规划，明确在不同阶段的传播重点和策略，以及预期达到的效果指标，为长期传播提供指导和方向。例如，某国制定了未来十年的国家形象传播战略，规划了在不同领域的传播重点和目标，如在科技领域展示创新成果，在文化领域推广传统文化等，AIGC可基于对全球科技发展趋势、不同文化受众喜好的洞察，细化各阶段具体的传播内容和方式，并设定相应的评估指标和时间节点。通过定期评估和调整战略，确保传播活动始终朝着既定目标前进。又如，新加坡制定了长期的城市品牌传播战略，注重打造“智能城市”和“绿色城市”的形象，AIGC能协助其持续跟踪全球城市发展动态以及受众对城市形象的期待变化，通过一系列政策和项目的实施，以及持续的宣传推广，逐步提升其在国际上的知名度和美誉度。

总之，关注国家形象传播的长期效果和可持续性，需要综合考虑各种因素，在AIGC的助力下制定科学合理的策略，并不断适应变化，以提升国家形象在国际社会中的持久影响力。

综上所述，AIGC为国家形象传播效果的评估与监测带来了新的机遇和挑战。通过建立新的评估指标和方法，实时获取反馈并进行策略调整，以及从长期和可持续的角度思考传播效果，能够更好地提升国家形象传播的效能和影响力。在大数据驱动的评估体系里，AIGC帮助我们从海量且多元的数据中挖掘有价值的信息，让我们能够更全面、深入地了解国家形象传播的效果。然而，我们也要警惕数据采集过程中的合法性、隐私保护等问题，确保在利用技术的同时，不侵犯个人权益和社会利益。在情感分析方面，AIGC使我们能够洞悉受众内心的真实情感反应，为传播策略的优化提供依据。但我们必须认识到，情感的表达是复杂多变的，文化、语言等因素都可能影响分析的准确性。因此，不断改进和优化AIGC的算法和模型，结合多模态数据进行综合判断，是提高情感分析可靠性的必由之路。在实时反馈与策略调整中，AIGC能够迅速捕捉信息并提供决策支持，帮助我们在信息传播的快速变化中灵活应对。但人机协作仍然是关键，人类的判断力和创造力与AIGC的高效处理能力相结合，才能制定出更加明智和有效的传播策略。从长期效果和可持续性的角度来看，AIGC为我们分析累积效应、制定战略规划提供了有力的工具。然而，我们不能仅仅依赖技术，还需要综合考虑社会、文化、政治等多方面的因素，以确保国家形象传播的长期稳定和可持续发展。

总之，技术是手段，而传播的核心始终是人，是人与人之间的沟通、理解和共鸣。只有在以人为本的基础上，借助AIGC的力量，我们才能真正实现国家形象传播的优化和提升。

延伸阅读

1. 温纳.自主性技术：作为政治思想主题的失控技术［M］. 杨海燕，译. 北京：北京大学出版社，2014.

2. 龙志勇，黄雯.大模型时代［M］. 北京：中译出版社，2023.

3. 于江生.人工智能伦理［M］.北京：清华大学出版社，2022.

思考题

1. 在大数据驱动的评估体系中，如何确保AIGC所采集和整合的数据的合法性、安全性以及对个人隐私的保护？请结合具体案例进行分析。

2. 情感分析在国家形象传播效果评估中的作用日益显著，但也存在一些挑战。请思考如何通过改进AIGC的技术和方法，来减少情感分析中的偏差和误判，并举例说明。

3. 假设一个国家计划利用AIGC来监测和评估其在国际文化交流活动中的形象传播效果，您认为应该制定怎样的策略和指标体系？需要注意哪些问题？

第七章　AIGC 在国家形象传播中的伦理与法律问题

在国家形象传播领域，当我们引入AIGC技术时，一系列关键的伦理和法律问题无可避免地涌现出来。如何有效防止信息被恶意操纵和误导，以维护信息传播的公平公正？知识产权应如何清晰界定并得到有力保护？在信息传播的过程中，怎样才能确保公民隐私不受侵犯、数据安全无虞？在国际法规的框架下以及跨文化传播的复杂环境中，又该如何让法律精准适配、高效执行？本章将探寻这些问题，思考应对之策。

学习目标

1. 识别AIGC所产生的如信息不公正、歧视偏见等问题及成因。
2. 辨析国内外知识产权、隐私保护等相关法律法规，关注国际差异。
3. 思考应对伦理和法律问题的方法，促进合法公正的传播环境构建。

第一节　识别伦理问题

内容的真实性和客观性是媒体公信力和影响力的来源，国家形象建构亦是如此。[①]算法作为现代人工智能技术的重要基础，其在发展的过程中也引发了失范问题。[②]因为事实的整理依赖于研究和人工思考判断过程，而数据的处理和解读却越来越多地依赖机器完成。[③]AIGC技术在发展过程中出现了深度伪造技术（Deepfake）与其他AI合成媒体，让“真相”与“虚拟”之间暧昧难辨[④]。当数据采集和计算出现谬误时由于缺乏人工的核查把控也失去了传统新闻伦理的约束力，往往造成虚假新闻和机械新闻的伦理失范问题。[⑤]在虚假新闻的生成和传播上，合成技术的参与使不法分子可以精准定位目标受众，制造并传播针对性极强的虚假信息，以误导公众舆论、破坏社会稳定甚至引发政治事件。[⑥]因此，生成式人工智能随时有可能引发“灰犀牛”事件，造成舆论认知战、危害网络和数据安全、挑起价值对立、造成全球不平，等等诸多问题，偏见性信息如果通过生成式人

① 邓慧莹，胡梦艳. 技术与伦理的博弈：人工智能生成潮下的新闻业［J］. 新媒体研究，2024，10（5）：1-4，15.

② 袁帆. 中国网络新闻传播领域算法伦理研究：基于“三视角”理论框架［D］. 上海：华东师范大学，2020.

③ 胡泳. 论事实：美丽、谎言与ChatGPT［J］. 新闻大学，2023（4）：38-58，121.

④ VERDOLIVA L. Media forensics and Deepfakes：an overview［J］. IEEE journal of selected topics in signal processing，2020：910-932.

⑤ 张静. 人工智能冲击下的新闻伦理失范问题与对策［J］. 传媒，2021（9）：94-96.

⑥ 邓慧莹，胡梦艳. 技术与伦理的博弈：人工智能生成潮下的新闻业［J］. 新媒体研究，2024，10（5）：1-4，15.

工智能在世界范围内大量生产和流动，将会加剧分裂主义、种族偏见等国际冲突。[①]对此，南非新闻生产者对于算法偏见持悲观态度，[②]质疑人工智能是否有利于促进社会的民主化进程，美联社也迫于压力对于新闻伦理和原则进行承诺。[③]此外，目前生成式人工智能在新闻业中的应用，还存在准确性、公正性和责任承担等伦理问题，并且可能缺乏批判性思维和创造力。[④]可能带来的深度伪造、新闻偏见、就业流失、透明度不足和伦理挑战等问题也进一步危害受众的新闻信任，加剧社会极化等问题[⑤]。这些不仅关系到国家形象的准确呈现，更涉及社会公平、正义和多元价值的维护。

一、信息公正性

从信息传播理论的角度来看，信息的公正性是确保信息传播有效性和可信度的基石。公正性意味着信息的呈现应客观、全面，不偏袒任何一方，且能够反映事物的真实本质。当AIGC涉足国家形象传播这一关键领域时，会存在算法偏向性等问题，这会造成其生成的文本、图像或视频等

① 周亭，蒲成. 生成式人工智能的国际传播能力及潜在治理风险［J］. 对外传播，2023（4）：14-18.

② MUNORIYARWA A，CHIUMBU S，MOTSAATHEBE G. Artificial intelligence practices in everyday news production：the case of South Africa's mainstream newsrooms［J］. Journalism practice，2023，17（7）：1374-1392.

③ AISSANI R，ABDALLAH R A Q，TAHA S，et al. Artificial intelligence tools in media and journalism：roles and concerns［C］//2023 International Conference on Multimedia Computing，Networking and Applications（MCNA）. Piscataway IEEE，2023：19-26.

④ 陈昌凤. 生成式人工智能与新闻传播：实务赋能、理念挑战与角色重塑［J］. 新闻界，2023（6）：4-12.

⑤ AISSANI R，ABDALLAH R A Q，TAHA S，et al. Artificial intelligence tools in media and journalism：roles and concerns［C］//2023 International Conference on Multimedia Computing，Networking and Applications（MCNA）. Piscataway IEEE，2023：19-26.

内容可能受到多种因素的影响，从而偏离公正性的轨道。算法偏向性是指由于数据集的偏差和算法设计上的不足而造成的不公平和不公正。这样的偏差不仅会影响到算法的精度，而且会给整个社会带来不良的后果，这就需要对AIGC生成内容进行公正性评估。[①]

从数据科学和统计学的视角分析，训练数据的偏差是导致信息不公正呈现的常见原因之一。如果AIGC的训练数据主要来源于特定的社会阶层、地域或文化群体，那么生成的内容可能会过度强调这些群体的观点和经验，而忽视了其他群体的声音，造成信息的片面性。这就如同在抽样调查中，如果样本不具有代表性，那么得出的结论必然存在偏差。此外，算法的设计若侧重于某些特定的价值取向或评价标准，也可能导致对国家形象的片面描绘，无法展现其多元和复杂的特质。算法在处理数据时，可能会根据预设的权重和规则对信息进行筛选和排序，从而使得某些方面被过度突出，而其他方面被边缘化。

例如，如果AIGC被用于生成关于某个国家的经济发展报告，但训练数据主要来自该国的富裕地区或特定产业，那么生成的报告可能会过度强调这些地区或产业的成就，而忽略了其他地区或产业的情况，给人一种片面且不准确的经济发展印象。此外，如果算法设计更倾向于强调经济增长的数字指标，而忽视了社会公平、环境保护等方面的因素，那么生成的内容可能无法全面反映国家经济发展的真实状况和质量。

因此，为了确保AIGC生成内容的公正性，需要建立一套科学、全面的评估体系。这一体系应当包括对训练数据的来源和多样性的严格审查。就如同学术研究中对数据来源的严谨考证一样，要确保数据涵盖了不同阶层、地域和文化群体的信息，具有广泛的代表性。同时，对算法设计的合

① 吴楠. 人工智能在新闻传播中的挑战与应对策略探究［J］. 传播与版权，2024（5）：4-6，10.

理性和公正性的评估也是至关重要的。这需要运用数学模型和算法分析的方法，检查算法是否存在潜在的偏见和误导性设计。此外，需要对生成内容进行多角度分析和比较。可以通过对比不同来源、不同方法生成的内容，发现其中的差异和潜在的不公正之处。

同时，还需要引入多领域的专家和利益相关者参与评估。信息传播学专家能够从传播效果和受众认知的角度提供专业意见，社会学专家可以从社会结构和群体关系的角度进行分析，而利益相关者则能够从自身实际感受和需求出发，提供真实而具体的反馈。这样的多视角评估能够确保评估结果的客观性和权威性，避免单一视角带来的局限性和偏差。

事实上，作为人应遵守的道德准则在AIGC信息传播中依然起着至关重要的引导作用。随着AIGC时代人工智能技术的不断发展，嵌入ChatGPT的智能媒体、机器人不断地参与社会生活的各个方面，人的社会化与自我的形成，也越来越多地受到智能媒体、智能机器的影响与形塑[①]，人工智能形塑人的社会化情况导致责任主体缺位，人本主义不彰引发的生成式人工智能伦理困境趋于明显[②]。人工智能因其技术性，缺乏对新闻工作者的人文关怀，以所谓的技术客观性遮蔽了新闻工作者应坚守的职业伦理和社会秩序，放大了伦理失范。[③]从伦理道德的理论层面深入剖析，道德原则如诚实、公正、尊重他人等应当如明灯一般，贯穿于AIGC生成和传播信息的全过程。

遵循诚实原则意味着AIGC不能制造虚假或夸大的信息来美化或歪曲

---

① 董浩. 生成式人工智能时代人机对话的传播伦理风险及其应对［J］. 阅江学刊，2024，16（1）：104-114，174.

② 冯子轩. 生成式人工智能应用的伦理立场与治理之道：以ChatGPT为例［J］. 华东政法大学学报，2024（1）：61-71.

③ 靖鸣，娄翠. 人工智能技术在新闻传播中伦理失范的思考［J］. 出版广角，2018（1）：9-13.

国家形象。从哲学的真理追求角度来看，诚实是对事实的尊重和对真相的坚守。AIGC在生成内容时，必须以真实的事实和数据为基础，不能为了追求某种效果或目的而编造不存在的成就或掩盖存在的问题。

公正是指平等对待不同方面的信息，不刻意突出或隐瞒某些重要的事实和观点。从社会公平的理论视角出发，信息的传播应当遵循公平原则，给予各个方面和群体同等的展示和表达机会。部分写稿机器人过分注重刊播效果，以受众需求为导向，容易导致新闻失衡，使真正重要的新闻被边缘化。[①]在国家形象传播中，AIGC不能因为某些因素而对特定的信息进行过度强调或刻意忽视，应当全面、平衡地呈现国家形象的各个方面，包括成就、挑战、机遇和问题。

尊重他人则体现在尊重不同文化、价值观和观点，避免对其他国家或群体的歧视和贬低。在全球化和多元文化的时代背景下，文化相对论和多元价值观的理念越发重要。AIGC在传播国家形象时，应当充分理解和尊重不同文化的独特性和价值，不要进行不恰当的比较和评价，避免因文化误解或偏见而造成不良影响。例如，如果AIGC用于生成关于国家间合作的报道，应当真实反映各方的贡献和利益，而不是片面强调一方的优势。这需要AIGC在处理信息时，能够客观分析各方的投入、成果和所面临的困难，以公平公正的方式展示合作的全貌。在展示国家的文化特色时，应当尊重不同文化的独特性。比如，在介绍不同国家的饮食文化时，不能简单地以某一标准来评判优劣，而应当从文化背景、历史传承和社会需求等多个角度来理解和呈现其特色和价值。

为了将道德准则有效地应用于AIGC信息传播，需要对AIGC开发者和使用者进行全面而深入的道德教育和培训。培训内容不仅要涵盖道德原则

---

① 靖鸣，娄翠. 人工智能技术在新闻传播中伦理失范的思考［J］. 出版广角，2018（1）：9-13.

的内涵和重要性，还要通过实际案例分析和模拟操作，让开发者和使用者能够在实际工作中准确识别和应对可能出现的道德困境。同时，行业内应当制定明确的道德规范和指南，为AIGC的应用提供具体而详细的行为标准。应当明确规定在各种情况下应当遵循的道德原则和行为准则，以及违反规定可能面临的后果和责任。

二、歧视与偏见

AIGC模型在国家形象传播中存在产生歧视性输出的潜在风险。人工智能算法基于大量数据，而这些数据往往是由人类生成的，因此会存在一定的主观性和偏见，导致算法基于某些偏见对新闻内容进行过滤或筛选，并对某些人群产生歧视或排斥，从而影响新闻传播的公正性和客观性。[①] 也就是说，AIGC模型本质上是基于大量的数据进行训练的，如果这些数据本身存在偏差或歧视性特征，模型就如同一面有瑕疵的镜子，可能会学习并复制这些偏差。

在数据收集和整理的过程中，如果存在对某些群体的系统性忽视或错误表征，那么模型在学习过程中就会继承这些错误。例如，如果训练数据中对某个民族或地区的描述存在刻板印象或负面评价，AIGC模型在生成关于该民族或地区的国家形象相关内容时，可能会延续这种刻板印象和负面评价，从而产生歧视性的输出。这种输出不仅是对个体的不公平对待，更是对整个群体形象的歪曲和损害。

此外，模型的算法设计如果过于简化或片面，可能会对某些特征过度重视，而忽视了其他重要的因素，导致对特定群体或事物的不公平对待。从统计学和概率论的角度来看，算法在对数据进行分类和预测时，如果没

① 岳宝彩. 人工智能技术在新闻传播中的融合应用、影响及应对策略：以ChatGPT为例［J］. 北京印刷学院学报，2023（4）：13-17.

有充分考虑到数据的多样性和复杂性，就可能会出现误判和偏差。比如，如果一个算法仅仅根据经济指标来评价一个国家的发展水平，而忽略了社会、文化和环境等方面的因素，那么对于那些在经济上不占优势但在其他方面有独特价值的国家，就可能会给出不公正的评价和描述。

这种歧视性输出可能会严重损害国家形象的公正性和多元性，引发国内外公众的不满和质疑。国家形象是一个综合性的概念，包含政治、经济、文化、社会等多个方面，任何片面或歧视性的描述都可能破坏其完整性和真实性。例如，如果AIGC模型在描述一个多民族国家时，对某个少数民族的文化和贡献缺乏充分的展示甚至存在误解，那么这不仅会伤害该民族的感情，也会让外界对这个国家的包容性和和谐性产生怀疑。

因此，需要对AIGC模型进行严格的审查和评估，检测并消除潜在的歧视性因素。首先，在数据收集阶段，应当确保数据的多样性和代表性，涵盖不同的群体、地域和文化背景，以减少数据偏差。通过广泛采集数据，可以避免因为数据来源单一而导致的片面性和局限性。其次，在模型训练过程中，采用先进的技术手段，如对抗训练、正则化等来减轻模型对某些特征的过度依赖，从而降低偏见的产生。这些技术手段类似于在建筑过程中使用的平衡和稳定装置，可以确保模型在学习过程中不会因为某些因素的过度影响而失去平衡。同时，建立定期的监测和评估机制，对AIGC生成的内容进行审查，一旦发现存在偏见，及时进行调整和改进。通过对生成内容的持续监测，可以及时发现并纠正可能出现的偏见，保证AIGC输出的公正性和客观性。

此外，加强公众教育，提高人们对算法偏见的认识和敏感度，使公众能够批判性地看待AIGC生成的内容，并积极参与监督和反馈。公众是信息传播的最终接收者和使用者，其参与和监督对于纠正算法偏见至关重要。通过开展宣传活动、教育培训等方式，可以让公众了解算法偏见的存在和危害，提高他们的辨别能力和参与意识。例如，可以通过开展宣传活动，向公众普及AIGC可能存在的偏见问题，鼓励他们在发现问题时及时报告。这样的宣传活动可以通过线上线下相结合的方式进行，利用社交媒体、讲座、培训课程等多种渠道，广泛传播相关知识和信息。还可以建立开放的平台，让公众参与AIGC内容的评估和改进中来，共同促进国家形象传播的公平和公正。这样的平台可以提供一个交流和互动的空间，让公众能够与开发者、使用者和监管者进行有效的沟通和合作，共同推动AIGC技术的健康发展和应用。

第二节　辨析法律问题

AIGC在国家形象传播领域的应用，也引发了一系列不可忽视的法律问题。作为“信息生产者”的新闻机器人是否具有法律主体资格、文本是否符合“独创性表达”成为学术交锋和司法裁决的主要争议点。[①]其中，知识产权保护以及隐私与数据安全法规成了关键的关注点。探讨这些法律问题，对于规范AIGC的应用、保障各方合法权益以及维护国家形象传播的健康秩序具有重要意义。

一、知识产权保护

知识产权领域，需要着重关注训练材料提供者的知识产权保护，以及生成式AI作品能否获得知识产权保护等问题，并尽快构建相关的法律规范。就前者而言，应当清晰界定AI在训练中使用学习材料在何种条件下属

① 霍凤，郭小安. 新闻机器人的主体性界定及著作权保护策略［J］. 出版发行研究，2021（8）：52-60.

于合理使用，在何种条件下属于侵犯知识产权，并对各利益相关方在不同情形下的权责利予以明确说明。至于后者，应当依据“创新性”等理论指标，并结合现实的利益平衡原则进行综合考量。①

1. AIGC生成作品的版权归属

在国家形象传播中，AIGC生成作品的版权归属是一个复杂而关键的法律问题。从版权法的理论角度来看，版权法的核心原则在于保护创作者的智力成果，激励创新和创作。传统的版权归属原则通常基于作者的创作行为和意图，强调人类的创造性思维和表达。然而，AIGC的出现彻底颠覆了这一传统模式，因为AIGC生成的作品并非由人类直接创作，而是通过算法和数据的驱动而产生。例如，如果AIGC生成了一幅描绘国家风景的绘画或一篇介绍国家文化的文章，那么谁应该拥有这一作品的版权？这一问题引发了广泛的讨论和争议。是开发AIGC技术的公司，因为他们提供了技术支持和数据基础？还是使用AIGC工具的用户，因为他们可能提供了某些初始的提示或选择条件？或者是两者共同拥有，又或者是存在其他可能的归属主体？目前，法律在这方面的规定尚不明确，存在多种观点和争议。

一些观点认为，AIGC生成作品的版权应归属于开发AIGC技术的公司。从技术和资源投入的角度来看，这些公司投入了大量的研发成本，开发了复杂的算法，并收集和整理了海量的数据，这些努力是作品生成的关键驱动因素。另一些观点则认为，使用AIGC工具的用户在一定程度上对生成过程进行了引导和选择，应当享有部分或全部版权。用户的参与和选择可能对最终生成的作品产生了一定的影响，因此他们的贡献也不应被忽视。

---

① 陈永伟. 超越ChatGPT：生成式AI的机遇、风险与挑战［J］. 山东大学学报（哲学社会科学版），2023（3）：127-143.

这种版权归属的不确定性给法律实践带来了巨大的挑战。事实上，从我国现行立法来看，目前满足独创性要件的AIGC生成作品在法律性质上难以被认定为作品。[①]从法律解释学的角度来看，现有的版权法律框架难以直接适用于AIGC生成的作品，需要对法律条文进行重新解读和解释，或者制定新的专门法规来明确版权归属的规则。同时，不同国家和地区的法律制度和文化背景也会对版权归属的判断产生影响，会导致国际间的法律冲突和协调问题。

2.知识产权侵权的风险

随着AIGC在国家形象传播中的广泛应用，知识产权侵权风险也日益凸显。AIGC生成作品一般遵循“收集数据—识别重要有趣事件—对识别的见解进行分类排序—安排有新闻价值的元素生成叙事文本—发布新闻”的基本流程，目前有关侵权责任的讨论主要集中在算法新闻生成的终端阶段，但算法新闻生成的每个步骤都蕴含着未知的技术参数和侵权风险。[②]从知识产权法的基本原则出发，知识产权的保护旨在鼓励创新、保护创造者的合法权益，促进知识的传播和利用。然而，AIGC生成内容的过程可能借鉴了大量的现有作品和数据，如果未经授权使用他人受保护的知识产权，就可能构成侵权行为。例如，如果AIGC从受版权保护的图片库中获取素材来生成新的图像，或者基于他人的文学作品来生成新的文字内容，而没有获得合法的授权，就可能侵犯原作者的版权。这种侵权行为不仅损害了原作者的经济利益，也破坏了知识产权保护的法律秩序。此外，AIGC生成的作品如果与已有受保护作品过于相似，也可能引发侵权纠纷。相似性的判断在法律上是一个复杂的问题，需要综合考虑作品的主题、结构、表达等多个方面。

为了防范知识产权侵权风险，需要建立健全相关的法律法规。从立法

① 王海霞. 人工智能时代算法新闻的版权保护机制研究［J］. 出版发行研究，2020（2）：46-50.

② 吴汉东. 人工智能生成作品的著作权法之问［J］. 中外法学，2020（3）：653-673.

学的角度来看，法律应当具有前瞻性和适应性，能够及时回应新技术带来的挑战。明确AIGC生成作品的知识产权边界和使用规则，为AIGC的发展提供明确的法律指引。2025年3月正式发布的《人工智能生成合成内容标识方法》和强制性国家标准GB 45438-2025《网络安全技术　人工智能生成合成内容标识方法》则进一步明确生成合成内容要求标识，这些内容均涉及生成式AI相关的问题。同时，AIGC开发者和使用者应当增强知识产权意识，这需要通过教育、培训和宣传等多种手段来实现。在使用数据和生成内容时遵循合法合规的原则，例如，使用经过授权的数据集进行训练，对生成的内容进行原创性检测等。此外，建立有效的监督和执法机制也是至关重要的。监管部门应当加强对AIGC应用的监督和检查，及时发现和处理侵权行为。同时，加大对侵权行为的处罚力度，提高违法成本，以起到威慑作用。

二、隐私与数据安全

关于隐私与数据安全问题，我国已颁布一系列针对人工智能的法律法规。早期的《互联网信息服务算法推荐管理规定》中规定算法推荐服务应当保障用户数据权益；新近实施的《互联网信息服务深度合成管理规定》对深度合成内容的标识、安全管理等作出规定。2025年6月，全国网络安全标准化技术委员会开展对《人工智能生成合成内容标识方法 文件元数据隐式标识 文本文件（征求意见稿）》等6项网络安全标准实践指南公开征求意见。鉴于AI技术的迅猛发展，法律法规的制定难免存在滞后性。当遇到相关问题时，应首先考量这些问题能否适用既有法律法规。如果现在的法律法规体系实在无法应对，需要再考虑针对这些问题进行立法。

1.隐私泄露风险

在AIGC参与国家形象传播的过程中，数据处理环节存在着隐私泄露的潜在风险。个体利用媒介技术生产信息、传播信息的能力越来越强的同时，也出现了一些因不正当的使用技术而导致个人隐私、个人行为隐私、人际交流隐私、数据隐私等信息被侵犯。[①]从数据隐私保护的理论角度来看，个人数据的保护基于个人尊严和自由的价值观念。个人数据具有敏感性和保密性，应当受到严格的保护，因为这些数据可能包含个人的身份特征、生活习惯、偏好等私密信息。个人隐私权作为公民的一项重要权利，受到法律的明确保护，这是现代法治社会的基本要求。

在许多国家和地区，隐私权被纳入宪法或专门的法律法规中。例如，我国《中华人民共和国民法典》中明确规定了自然人享有隐私权，任何组织或者个人不得以刺探、侵扰、泄露、公开等方式侵害他人的隐私权。同时，《中华人民共和国网络安全法》《中华人民共和国数据安全法》等法律法规也对个人信息的收集、使用、存储、传输等环节进行了规范，要求相关主体必须遵循合法、正当、必要的原则，并采取相应的安全保护措施。这些法律规定构成了一个多层次、多维度的数据隐私保护体系，旨在保障公民的隐私权不受侵犯。

当AIGC收集、存储和分析大量与国家形象相关的数据时，可能包含个人的身份信息、行为数据、偏好等，这些数据如果没有得到妥善的管理和保护，就可能被非法获取、滥用或泄露。例如，在收集公众对国家形象的评价和反馈数据时，如果没有采取严格的加密和访问控制措施，黑客可能入侵系统获取这些数据，从而侵犯个人隐私。此外，内部人员的不当操作、数据存储设备的丢失或损坏等也可能导致数据泄露。

从风险评估和管理的角度来看，需要对AIGC处理数据过程中的隐私风险进行全面的评估和分析，识别可能的风险点，并采取相应的风险控制措施。这包括但不限于加强技术防护手段，如加密技术、访问控制、身份

---

① CLARKE R. Internet privacy concerns confirm the case for intervention［J］. Communications of the ACM，1999，42（2）：60-67.

验证等；建立完善的数据管理制度，规范数据的收集、存储、使用和销毁流程；加强人员培训，提高员工的隐私保护意识和操作规范。

2. 数据安全法规对AIGC的约束

为了应对AIGC处理数据中的隐私泄露风险，各国纷纷出台了相关的数据安全法规，对AIGC的应用进行约束和规范。这些法规通常要求AIGC开发者和使用者遵循严格的数据收集和处理原则，如明确数据收集的目的和范围、获得用户的知情同意、采取安全的存储和传输方式等。同时，法规还规定了在发生数据泄露事件时应采取的应急措施和报告义务。

然而，由于AIGC技术的快速发展和复杂性，数据安全法规在实际执行中面临着诸多挑战。从法律执行和监管的角度来看，如何监管跨境数据流动是一个突出的问题。随着全球化的发展，数据在不同国家和地区之间频繁流动，不同国家的数据安全法规存在差异，如何协调和统一监管标准，确保数据在跨境流动中的安全和合规，是一个亟待解决的难题。

此外，如何界定AIGC应用中的责任主体也是一个复杂的问题。在AIGC的产业链中，涉及技术开发者、数据提供者、服务运营商、用户等多个主体，当发生数据安全问题时，如何明确各个主体的责任和义务，是法律实践中需要解决的重要问题。同时，AIGC技术的不断更新和变化也给法规的适应性带来了挑战，法规需要不断跟进技术发展，及时调整和完善相关规定，以确保对AIGC应用的有效约束和规范。

第三节　主要应对策略

现代技术的伦理困惑肇因于技术异化，其解除需要遵循“以人为本，以技为用”原则，重建工具理性与价值理性的平衡，以实现技术观念更新。

面对伦理失范问题，存在自上而下和自下而上的两条伦理建构路径，前者以逻辑演算规则进行伦理判断，后者则通过机器学习培养智能体道德抉择能力。[①]为了确保AIGC的健康、有序发展，并使其在国家形象传播中发挥积极作用，我们不仅需要建立健全的伦理准则和法律规范，还需积极应对其在执行和应用过程中出现的各种问题。

一、建立伦理准则

1.探索AIGC特有的伦理规范

为了确保AIGC在国家形象传播中的健康发展，制定一套专门适用于AIGC的伦理规范势在必行。从伦理哲学的角度来看，伦理规范的制定旨在确立行为的价值取向和道德标准，引导个体和社会朝着公平、正义、善良的方向发展。正如本章第一节所述，在AIGC的应用场景中，这些伦理规范应当基于普遍接受的伦理原则，如诚实、公正、尊重他人、不伤害他人等，同时结合AIGC技术的特点和应用场景进行细化和具体化。

例如，规定AIGC在生成内容时应当遵循真实、客观、公正的原则，不得传播虚假信息或误导公众。这一要求源于信息传播伦理中的准确性和可靠性原则。在国家形象传播这一敏感领域，虚假或误导性的信息可能导致严重的误解和不良后果，损害国家的声誉和形象。同时，明确AIGC应当尊重人类的尊严、权利和自由，避免对个人或群体造成伤害。这体现了人权伦理和社会正义的原则，AIGC的应用不应侵犯个体的基本权利，也不应加剧社会的不平等和歧视。

这种细化和具体化的伦理规范制定需要综合考虑多方面的因素。从技术角度出发，要了解AIGC技术的工作原理、数据处理方式以及可能产生

① 喻国明，耿晓梦. 智能算法推荐：工具理性与价值适切：从技术逻辑的人文反思到价值适切的优化之道［J］. 全球传媒学刊，2018（4）：13-23.

的影响。从社会文化角度来看，要考虑不同国家和地区的价值观、文化传统和社会规范的差异。此外，还需预测未来技术发展的趋势和可能出现的新的伦理问题，使伦理规范具有一定的前瞻性和适应性。

2.行业自律与监督机制

除了制定伦理规范，建立行业自律与监督机制也是保障AIGC伦理准则有效实施的重要手段。在市场经济和社会治理的理论框架中，行业自律是一种基于内部约束和自我管理的机制，它能够弥补法律法规的不足，提高行业的整体素质和信誉。行业组织可以通过制定行业标准、开展培训和认证等活动，引导企业和从业者遵守伦理准则。行业标准的制定应当具有明确性、可操作性和可衡量性，为企业和从业者提供具体的行为指南。培训活动可以通过线上线下相结合的方式，包括专题讲座、案例分析、模拟演练等，提高从业者对伦理问题的认识和应对能力。认证机制则可以对符合伦理标准的企业和个人给予认可和奖励，激励更多的参与者积极遵守伦理准则。

同时，建立专门的监督机构，对AIGC的应用进行监测和评估，对违反伦理准则的行为进行曝光和处罚。监督机构应当具备独立性、专业性和权威性，能够公正、客观地履行监督职责。它可以通过技术手段对AIGC生成的内容进行监测和分析，发现潜在的伦理问题。对于违反伦理准则的行为，应当根据情节轻重给予相应的处罚，包括警告、罚款、暂停业务甚至吊销执照等。

此外，鼓励公众参与监督，形成全社会共同关注和监督AIGC伦理问题的良好氛围。公众作为信息的接收者和使用者，对AIGC的应用有着直接的感受和体验。通过建立公众举报渠道、开展公众教育和宣传活动，提高公众对AIGC伦理问题的认识和关注，使公众能够积极参与到监督中来，形成强大的社会监督力量。

二、应对法律难题

1.法律执行中的技术难题

AIGC的快速发展给法律执行带来了一系列技术难题。从法律技术学和信息技术学的交叉视角来看，法律执行需要依靠有效的技术手段来获取证据、追踪行为、判断合法性等，而AIGC的复杂性和隐蔽性使得这些传统的技术手段面临巨大的挑战。例如，如何识别和追踪AIGC生成的内容来源和传播路径，这是一个涉及数字取证和网络追踪技术的难题。AIGC生成的内容可能在短时间内迅速传播，并经过多次转发和修改，使得原始来源和传播路径变得模糊不清。如何判断AIGC生成内容是否构成侵权或违法，需要综合运用自然语言处理技术、语义分析技术和法律推理技术，对生成的内容进行深入的分析和评估。此外，如何在技术层面上实现对AIGC应用的有效监管，需要建立先进的监测系统、数据挖掘技术和风险评估模型，及时发现潜在的违法行为和侵权行为。

这些技术难题需要法律和技术的深度融合，通过加强技术研发和创新，为法律执行提供有力的技术支持。法律界和技术界应当加强合作与交流，共同研究和开发适用于AIGC法律执行的技术工具和方法。政府和相关机构应当加大对技术研发的投入和支持，鼓励企业和科研机构开展创新研究，推动技术的不断进步和应用。

2.跨国司法协调与合作

在国家形象传播中，AIGC的应用往往跨越国界，这就需要各国之间加强法律协调与合作。从国际法学和比较法学的角度来看，不同国家的法律制度和文化背景存在差异，导致对于AIGC的法律规定和监管要求也不尽相同。这种法律的多样性和差异性在跨国AIGC应用中可能引发法律冲突和管辖权争议。

因此，需要通过国际组织、双边或多边协议等形式，建立统一的法律框架和协调机制，促进各国在AIGC法律问题上的交流与合作。国际组织如联合国、世界贸易组织等可以发挥平台作用，推动各国就AIGC法律问题进行协商和制定共同的原则和标准。双边或多边协议可以在具体的合作领域和事项上明确各方的权利和义务，解决法律适用和执行的问题。

在建立统一法律框架和协调机制的过程中，需要充分考虑各国的利益平衡和法律文化差异。尊重各国的主权和法律制度，通过平等协商和互相妥协达成共识。同时，加强法律信息的交流和共享，建立跨国法律数据库和信息平台，及时了解各国的法律动态和实践经验。此外，还应当培养跨国法律人才，提高处理跨国AIGC法律问题的能力和水平。

综上所述，应对AIGC在国家形象传播中的挑战需要伦理准则和法律规范的双轮驱动。只有通过建立健全的伦理和法律体系，加强执行和监督，促进国际合作，我们才能充分发挥AIGC的优势，同时有效遏制其可能带来的负面影响，确保其在国家形象传播中发挥积极、健康和可持续的作用。

延伸阅读

1. 凯利. 失控：全人类的最终命运和结局［M］. 张行舟，等译. 北京：电子工业出版社，2016.

2. 海勒. 我们何以成为后人类：文学、信息科学和控制论中的虚拟身体［M］. 刘宇清，译. 北京：北京大学出版社，2017.

3. 扎拉奇，斯图克. 算法的陷阱：超级平台、算法垄断与场景欺骗［M］. 余潇，译. 北京：中信出版社，2018.

思考题

1. 分析某一具体的国家形象传播案例中存在的AIGC伦理或法律问题，

并提出解决方案。

2. 探讨如何加强国际合作，共同应对AIGC时代国家形象传播中的伦理和法律挑战?

3. 思考如何在利用AIGC技术创新国家形象传播的同时，坚守伦理和法律底线?

图书在版编目（CIP）数据

人工智能时代的国家形象传播 / 武楠著. -- 北京：中国国际广播出版社，2025.8. --（“AIGC+文化传播”系列教材）. --ISBN 978-7-5078-5877-8

Ⅰ. D6-39；G206-39

中国国家版本馆CIP数据核字第2025E2R650号

人工智能时代的国家形象传播

著　　者	武　楠
责任编辑	梁　媛
校　　对	张　娜
版式设计	陈学兰
封面设计	赵冰波
出版发行	中国国际广播出版社有限公司［010-89508207（传真）］
社　　址	北京市丰台区榴乡路88号石榴中心1号楼2001 邮编：100079
印　　刷	北京启航东方印刷有限公司
开　　本	710×1000　1/16
字　　数	170千字
印　　张	12.5
版　　次	2025 年 8 月　北京第一版
印　　次	2025 年 8 月　第一次印刷
定　　价	58.00 元